高校职业生涯教育
引导体系构建研究

曹 薇◎著

吉林出版集团股份有限公司

图书在版编目（CIP）数据

高校职业生涯教育引导体系构建研究 / 曹薇著. —
长春：吉林出版集团股份有限公司, 2022.10
ISBN 978-7-5731-2485-2

Ⅰ. ①高… Ⅱ. ①曹… Ⅲ. ①高等学校－职业选择－
教学研究－中国 Ⅳ. ①G647.38

中国版本图书馆 CIP 数据核字 (2022) 第 190098 号

高校职业生涯教育引导体系构建研究

著　者	曹　薇	
责任编辑	白聪响	
封面设计	牧野春晖	
开　本	710mm×1000mm　1/16	
字　数	200 千	
印　张	10.75	
版　次	2023 年 3 月第 1 版	
印　次	2023 年 3 月第 1 次印刷	

出版发行	吉林出版集团股份有限公司
电　话	总编办：010-63109269
	发行部：010-63109269
印　刷	北京市兴怀印刷厂

ISBN 978-7-5731-2485-2　　　　　　　　　　定价：79.00 元

前　言

职业生涯规划是个人对自己一生职业发展总体计划和总轮廓的勾画，具有粗略性、目标性、长期性和全局性的特点，它为一生的职业发展指明了途径和方向。要想在一生有限的时间里发挥自己最大的潜能，有所作为，必须做好职业生涯规划。大学生正处在职业生涯的初级探索阶段，这一阶段对于大学生今后职业生涯的发展有着十分重要的意义。为此，很多高校正在逐步将工作对象进行拓展，努力做到就业指导工作全程化，建完善的大学生职业生涯规划教育体系指导。

随着就业压力的增大，大学生职业生涯规划教育逐步成为社会和高校研究的热点问题。针对现阶段中国高校职业生涯规划教育存在的问题提出构建职业生涯引导教育体系，组建由院系教师、政府、以及企业等人员等构成的专业化培训队伍，以期将职业生涯规划全程融入大学教育的整体思维中，激发其职业生涯规划，提高学生就业率，为国家输送大量专业技能和实践操作能力强的复合型人才。因此，构建个性化、针对性强的高校职业生涯规划教育体系有很大的现实意义和参考价值，这也是撰写本书的根本目的。

本书集科学性、系统性、时代创新性于一体，对大学生职业生涯教育体系构建进行了全面的分析和研究，全书结构清晰完整，内容设置紧密结合我国大学生职业生涯教育发展实践，以独特的视角对构建大学生职业生涯教育体系的构建进行了分写和研究。

本书共分六章对研究主题进行拓展和分析，第一章为职业生涯规划概述，分析及介绍了职业规划的内涵、理论基础、影响因素等问题，第二章对大学生职业生涯规划教育的历史演变与现状进行分析，明确了大学生职业生涯规划教育中存在的问题，第三章对职业规划下的学业教育理论、过程、环节以及方法进行了研究，第四章定位于高校职业生涯教育课程体系构建，以课程目标、课程内容和实施策略为切入点，第五章从大学生职业生涯教育的教育模式和持续发展模式对其进行研究，第六章是大学生职业生涯规划教育联动机制构建研究，包括学生自主联动机制构建和校企联动机制构建。

在本书的撰写过程中，参考了许多专家和学者关于高校职业生涯教育体系研究的相关书籍和资料，在此表示敬意和感谢。由于水平所限，本书难免存在不妥之处，恳请广大读者批评指正。

作 者

2021 年 10 月

目 录

第一章　职业生涯规划概述

第一节　职业规划内涵

一、职业规划的概念和原则

（一）职业规划的概念

所谓职业规划，就是指通过个人和组织相结合，对个人职业生涯的主客观条件进行测定、分析、研究和总结，尤其是在对自己的兴趣、爱好、个性、能力、价值观、特长、经历以及存在的不足等各方面进行综合分析的基础上，确定最佳的职业奋斗目标，并为实现这一目标做出行之有效的安排。一个人的职业规划是他的人生规划的主体部分，要根据实际条件具体安排。同时，未来具有不确定性，因而职业规划也需要确立适当的变通性。

一个人的职业生涯是生活的重要组成部分，选择了一份职业，就是选择了一种社会角色，进而选择了一种生活方式。每个人都应该是自己人生事业的规划者和耕耘者，规划自我、发展自我，为实现自我价值创造机会，并扬长避短，才能最终迈向成功。职业规划不仅可以使人找到自己喜欢且适合的工作，更重要的是，它将引导我们努力去追寻自己理想的生活方式。有了职业规划，成功就会来得更早，来的更大。

（二）职业规划的原则

原则是行动的基本规范，也是行动取得预期效果的行动指南。良好的职业规划应既有利于个人职业生涯活动有出色的表现，又有利于个人的整体发展、家庭生活质量的提高和社会的和谐进步。因此，要做一份良好的职业规划，就必须要充分考虑到个人的特点，总结和分析影响职业生涯发展的因素，确定个人的人生发展目标，选择实现这一目标的职业并做出具体的安排。一般来说，在制定职业规划时，必须遵守下列几项基本原则。

1. 客观性原则

职业规划是由个人设计完成的，难免会带有主观色彩，但是，这份规划毕竟规划的是自己的未来，是给自己用的，因此在制订职业规划时，应该力求客观。一份好的职业规划，应该综合考虑现实环境和个人条件的制约，既没有夸大也没有缩小客观存在的事实。任何脱离实际或难以实现的职业规划都是没有意义的。客观性原则，就是要求个人在自我评估时，对自己的智商、情商、专业特长、个性特点以及优缺点等实事求是地进行评价，不要隐瞒事实，使评估结果尽可能地接近真实的自我。同时，要抛开个人的喜恶，客观地评估所处的职业环境因素，正视职业现实矛盾和矛盾所孕育的发展机会，使评价结果建立在事实的基础上。只有这样，职业规划才能符合实际，才切实可行。

2. 可行性原则

职业生涯发展规划涉及很多具体的任务和实施步骤，因而要求规划者不仅要具备规划的意识，更应在规划中体现操作的程序环节。一份好的职业规划，其操作性最终会落实为时间、地点、资源、对象和程序的具体化内容，以此保证规划可以通过实施者的行为活动而得以完成。规划要依据个人的特点、社会的发展需要来制定，若是具体规划，还不可避免地要明确其中的人、事、物相关资源的取得、调整和利用等操作手法。总之，职业规划要清晰、明确，各阶段的线路划分与安排也一定要具体可行。

3. 针对性原则

在现实生活中，每个人的成长方式和发展历程是不同的，每个人的生活习惯和性格爱好也是不同的，因此，尽管很多人的专业和从事的职业工作相同，但他们并不能通用一份职业规划。在通常情况下，对使用者来说，个别化了的职业规划才是好的职业规划。这是因为一份好的、充满个性和有针对性的职业规划，其出发点是指向使用者本人的，是能够体现其个性、个人特质和其个别化的资源配置和利用的。因此，在制定职业规划时，也一定要遵循针对性原则。

4. 实用性原则

一份职业生涯发展规划不管表面多么诱人，都得经过实践的考验。因此，在进行职业规划时必须讲求简便易行的实用性原则。在实用性原则里，应考虑目标是否符合自己的性格、兴趣和特长，是否对自己有挑战性，能否在规定的时间内完成，实现目标的途径是否能在自己的特质、社会环境、组织环境等范围内执行，可行性有多大；职业规划是否具体，在执行职业生涯发展规划的过程中，自己能否随时掌握执行的情况，能否进行有效的评估等。另外，职业规划的目标一定要明确具体，目标的明确和具体要求制定的目标应该有一些可以量化或评估的指标，如时间限制、职位的提升和发展、薪水的提升、培训的计划等。

5. 阶段性原则

人生所处的阶段不同，生活的主要内容以及奋斗目标也会有所不同。阶段性原则指的就是在进行职业生涯设计时，要充分考虑自身所处的不同发展阶段，有目的、有步骤、有计划地调整和安排各个不同阶段的职业生涯计划。

6. 持续性原则

人生所处的阶段不同，其生活的主要内容和奋斗目标也会有很大的差异。在进行职业生涯设计时，要充分考虑自身所处的不同发展阶段，有目的、有步骤、有计划地调整和安排各个不同阶段的职业生涯计划。不过，人生的各个发展阶段应该持续连贯地衔接下来，做规划也应考虑到职业生涯发展的整个历程，作全程的考虑。各具体规划与人生总规划要一致，不能摇摆不定，浪费各发展阶段的人力资本积累。

7. 前瞻性原则

职业规划不是对当前生活的计划，而是对人一生的职业生活进行的安排，是面向未来的生活设计。一份好的职业规划应该有长远的眼光，能够考虑到 5 年、10 年，甚至更久以后个人、家庭及社会可能发生的变化。另外，生老病死等生命的周期性规律、婚恋、生育、离异、丧偶等家庭的发展阶段、社会的老龄化及家庭规模的缩小等变化，也会对个人的职业规划产生一定的影响。因此，在制定职业规划时，应遵循前瞻性原则，不要被眼前的某些现象所迷惑。同时无论对自己还是对社会，都要把眼光放远一些，少一些眼前利益，多一些长远希望，立足于挖掘自己的潜力和潜能，对社会的发展变化趋势保持一种从容应对的态度。在这样的心态和视野下，制定出的职业生涯发展方向、目标、策略和办法，才会在可行性的同时具有一定的挑战性。

为了能使职业规划具有一定的前瞻性，个人可以借助现代预测工具，对自身和社会的一些发展趋势进行科学预测。如在有多种职业发展路线的情况下，对于是选择社会上热门的职业还是选择新兴的冷门职业作为个人的目标，可以借助电视、报纸、网络等途径，听听专家的看法。

熟悉和掌握这些原则，在进行个人职业规划时就需要切实保证其效力。

履行原则之时，要时刻警示自己破坏原则的危害。

二、职业规划的特征和要素

（一）职业生涯规划的特征

1. 发展性特征

职业生涯是一个连续不断的动态发展过程，是个体在职业发展中不断调整和完善的产物。个人通过不断积累职业经历，可以不断地转换职业和角色，进而实现个体人生价值的最大化。因此，个人的职业规划应有弹性，并能随着外部环境和自身条件的变化随时对自己的职业发展目标进行调整。

2. 个性化特征

发展的动力源泉是自身，因而个人的职业规划必须由自己本身来主导。在社会生活中，每个人的成长环境、文化背景、个性类型、文化资本构成、价值观、能力、职业生涯目标以及对成功评价的标准等是不尽相同的，这造成每个人的职业生涯历程与其他人不同，进而形成自己独特的职业生涯。故而有的人选择了警察职业，有的人选择了保安职业，于是就形成了两种不同的职业生涯发展历程；即便是同时选择了工人这一职业的两个人，也会有不同的发展历程。

3. 开放性特征

职业生涯虽然是个人的职业经历，但人是社会的人，因而职业规划不能忽视社会、企业环境和他人的影响。个人的职业发展是个人和他人、个人和组织以及个人与社会互动的结果。在制定自己的职业规划时，若只从个人愿望出发，而不考虑社会和企业环境的需求与发展趋势，也不考虑过来人的忠告，不仅无法实现规划目标，就是执行规划时可能遇到的强烈挫折感都会让人沮丧不已。一份有效的职业规划必须是在对主客观环境审时度势的基础上，在广泛听取领导、同事、家人以及职业顾问的意见后制定出来的。当然，有效的个人职业规划在开放的社会中也不是一成不变的，它还会经历数次的调整和修正。

4. 可规划性特征

职业生涯的发展过程虽然充满了各种偶然因素，但是，从长远的角度来看，职业生涯是可以规划的。每个人都可以依据自己的实情，对自己的职业生涯进行规划，进而实现自己的职业梦想。由于职业生涯具有实用性和可操作性，因而很多高校都开设了职业生涯教育课程。每一个大学生都可以依据自身的条件，勾画出丰富多彩的人生职业生涯道路，并通过奋斗去实现自己的职业理想。

5．不可逆转性特征

每个人在职业发展的过程中虽然都可以转换职业角色，但是，每个人的成长都是一个自然发展的过程，必须遵循从生到衰的规律，必须经历从青春期到老年期的职业发展过程，这一过程是任何人都无法逾越和逆转。因此，在进行职业规划时，要充分认识到职业生涯的这一重要特征，把握住人生的最佳黄金时机，科学地规划好自己的人生道路。

（二）职业规划的要素

职业规划主要是由知己、知彼、抉择、目标和行动五大要素构成的，这五大要素之间有着密切的关系，如图 1-1 所示。

图 1-1　职业规划要素之间的联系

1．知己

知己就是对自身条件的自我认识与自我了解。要充分地认识自己、了解自己，包括自己的性格和气质特征、兴趣爱好、天赋、能力和价值观的取向，以及父母、学校与社会教育等对个人的影响等。

2．知彼

知彼就是熟悉周围的环境，特别是与职业生涯目标发展相关的工作世界，包括职业特征、职业要求、职业发展前景、行业及职业薪酬、就业政策、就业形势、组织发展战略、晋升机会等。

3．抉择

抉择就是在知己知彼基础上，根据自己对外界的分析结果，确定符合现实，能充分发挥自己专长和强项，自己有浓厚兴趣并且与环境相适应的职业目标。包括抉择技巧、抉择风格以及抉择可能面临的冲突、阻力和助力等。

4. 目标

目标就是在抉择之后，考虑自己职业生涯的前景，确定切合实际的目标，并以此指导行动。

5. 行动

行动是职业规划中极其重要的一个环节。如果没有行动，前面的所有工作做得再好都没有用处。

职业规划的五大因素是相互联系的，知己是了解自己本身特性，知彼则是了解工作本身的特性，只有知己知彼，才能确定确定的个人的职业生涯目标符合现实，而不是一厢情愿。对自己从事的职业感兴趣，而不是被动地工作。对从事的工作发挥专长，利用了个人的强项，对工作的环境能够适应，而不是感到处处困难。知己知彼又是抉择、确定目标和付诸行动的现实基础，只有将五个因素紧密结合在一起，才能制定出科学的职业规划。

三、职业规划的分类

（一）按照不同的规划主体进行分类

按照不同的规划主体，可以将职业规划分为员工职业规划和个人职业规划。

1. 员工职业规划

员工职业规划涉及企业未来的发展、组织机构的设置、培训机制、企业文化、考核机制和晋升机制等内容。而且，在不同时期，每个人的价值观、家庭环境、工作环境和社会环境都会发生改变，这将会导致职业期望也随之产生或大或小的变化。所以说，员工职业规划是一项系统的、复杂的、动态变化的管理过程。

2. 个人职业规划

个人职业规划和个体所处的家庭、组织以及社会存在密切的关系。特别是对大学生而言，离开校园开始步入社会所面对的是一个崭新的世界，个人的言行对今后的发展甚至一生都可能产生不可估量的影响。

（二）按照时间维度进行分类

按照时间维度，可以将职业规划分为短期规划、中期规划、长期规划和人生规划。个人职业生涯设计从短期到中期，再到长期，直至整个人生规划，如同上台阶，一步步地发展。

1. 短期规划

短期规划是指 2 年以内的规划，主要是确定近期目标，规划近期应完成的任务。

2. 中期规划

中期规划一般涉及 2~5 年内的职业目标和任务，它是最常用的一种职业生涯设计。

3. 长期规划

长期规划是指 5~10 年的规划设计，主要是设定较长远的目标。

4. 人生规划

人生规划是指整个职业生涯的设计，时间长至 40 岁左右，设定整个人生的发展目标和阶梯。

值得注意的是，这并不适用于实际操作，因为时间跨度太短的规划没有多大意义，时间跨度太长的规划则会由于环境、个人的变化而难以把握；只有 2~5 年内的中期计划既便于根据实际情况设定可行目标，又便于随时把握现实的反馈进行修正和调整，所以个人职业规划掌握在 2~5 年内比较好。

四、职业规划的内容

（一）分析自我职业性格

分析自我职业性格即要全面了解自己。一个有效的职业规划必须是在充分且正确认识自身条件与相关环境的基础上进行的。因此，在进行职业规划是，要审视自己、认识自己、了解自己，做好自我职业性格分析，自己的兴趣、特长、性格、学识、技能、智商、情商、思维方式等，明确自己想干什么、能干什么、该干什么、在众多的职业面前会选择什么等问题。

（二）确定职业目标

职业目标是追求成就的推动力，有助于排除不必要的犹豫，全身心的致力于目标的实现。职业目标通常是在自我调查、评估、定位之后，根据社会的需要和环境的许可程度，将自我动机和需要以奋斗目标的形式与社会需要相结合来确定的。确定职业目标是制定职业规划的关键。职业目标通常有短期目标、中期目标、长期目标和人生目标之分。短期目标更具体，对人的影响也更直接，是长远目标的组成部分。长远目标需要个人经过长期艰苦努力、不懈奋斗才有可能实现。长远目标的确立要立足现实、慎重选择、全面考虑，使之既有现实性又有前瞻性。

（三）确定成功标准

职业发展的领域有管理和技术两种形态，不同职业目标的成功标准是不同的。

管理型成功标准。管理型的人考虑问题比较理智，善于从宏观角度考虑问题。他们能在信息不全的情况下，分析解决问题，还善于影响、监督、率领、操纵、控制组织成员和依法使用权力。他们的成功标准是，承担的责任越来越大，管理越来越多的下级，独立性越来越大。

技术型成功标准。技术型的人通常喜欢独立思考，做事谨慎细致。工作的实际技术是他们职业选择时主要注意力。提升时只愿在技术职能区提升，而不愿到全面管理的位置。他们的成功标准是，能够在本技术区达到最高管理位置，并保持自己的技术优势。

（四）制定职业发展道路计划

职业生涯发展道路计划应该包括三个方面的内容：一是能够描述各种流动的可能性；二是能够反映工作内容、组织需要的变化；三是能够详细说明职业生涯通路的每一职位的学历、工作经历、技能和知识。

（五）明确需要进行的准备和培训

不同的职业规划所需做的准备和需要进行的培训是不同的。在职业生涯中，应该列出一个目录，包括自己什么做得好，什么做得不好，接下来自己需要什么等等。当然，在职业生涯中也要明确，自己拥有哪些资源，自己应该准备什么以及自己应该接受哪些方面的培训和如何才能有效地运用培训的成果。

（六）列出大概的时间安排

职业规划应该以职业目标为方向，以三年为单位，提出近期、中期与远期目标。近期目标应进一步明确当年的具体目标，并将当年的目标分解为季度目标、月目标、周目标、日目标。职业规划还应列出每一阶段职业目标的实现时间，以保障职业规划长远目标的实现。

第二节 职业规划的理论基础

一、职业选择理论

职业选择是人们从自己的职业期望、职业理想出发，依据自己的兴趣、能力、特点等，结合自身所处外部环境条件，从社会现有的职业中选择一种适合自己的职业的过程。而职业选择理论探讨的就是人们进行职业选择的依据和规律，它源自19世纪官能心理学研究，是职业生涯管理中的奠基性理论。下面主要对其中的特质因素理论和职业锚理论进行简要阐述。

（一）特质因素理论

特质因素理论的创立者是被誉为"职业指导之父"的美国职业指导专家弗兰克·帕森斯，后来又由美国职业心理学家威廉姆逊发展成型。这是用于职业选择与职业指导的经典性理论之一，在职业指导中一直处于主导地位。

特质因素理论的核心是人格特征与职业因素的匹配。其基本假设是有四点：一是每个人都有一系列独有的特性，他们可以客观而有效地进行测量；二是每一种职业都有其特定的因素，不同职业需要具备不同特性的人员；三是选择一种职业是一个相当容易的过程，而且人职匹配是可能的；个人特性与工作要求之间配合得越紧密，职业成功的可能性越大。1909年，帕森斯在其所著的《选择职业》一书中，明确阐明职业选择的三大要素或条件。

（1）应清楚地了解自己的态度、能力、兴趣、智谋、局限和其他特征。

（2）应清楚地了解职业选择成功的条件、所需知识、在不同职业工作岗位上所占有的优势、不利和补偿、机会和前途。

（3）对以上两个因素做出明智的思考。

帕森斯的理论内涵即是在清楚认识、了解个人的主观条件和社会职业岗位需求条件的基础上，将主客观条件与社会职业岗位相对照、相匹配，最后选择一种职业需求与个人特长匹配相当的职业。

根据特质因素理论的要求，职业规划就是要解决人的特性和职业相匹配的问题，在这种理论的指导下，职业指导过程有三个步骤。

第一，评价求职者的生理和心理特点。通过心理测试及其他测评手段，获得有关求职者的身体状况、能力倾向、兴趣、爱好、气质与性格等方面的个人资料，并通过会谈、调查等方法获得有关求职者的家庭背景、学业成绩、工作经历等情况，并对这些资料进行评价。

第二，分析各种职业对人的要求，并向求职者提供有关的职业信息。主要包括职业的性质、工资待遇、工作条件以及晋升的可能性，求职的最低条件，为准备就业而设置的教育课程计划，以及提供这种训练的教育机构，学习年限、为学资格和费用等。

第三，人岗匹配的类型。指导人员在了解求职者的特性和职业的各项指标的基础上，帮助求职者进行比较分析，以便选择一种适合其个人特点，有可能得到并能在职业上取得成功的职业。

特质因素理论有着显而易见的优点，它注重个人心理特质的差异，重视心理测试工具的使用，也推动了以后心理测验工具的使用和发展。同时，特质因素理论注重职业资料的重要性，强调个人必须对职业有正确的态度与认识，才能做出正确的职业选择。并且，特质因素理论讲究科学理性，符合逻辑推理的方法，辅导方法十分具体，便于学习。但是，特质因素理论也有一定的局限性，一方面，特质因素理论是将个人与工作进行匹配，其前提为个人的特质和工作的性质是固定不变的，而事实上，这两者都是在变化之中的，所以从发展的观点看，特质因素理论存在一定的缺陷。此外，特质因素理论的测验结果，主要用来预测个人未来的职业，这将会缩小个体选择职业的范围，与现代生涯辅导的目标不符合。

（二）职业锚理论

职业锚理论在 20 世纪 70 年代，美国著名管理学家爱德加·施恩提出来的。施恩认为，职业生涯发展实际上是一个持续不断的过程。在这一过程中，每个人都在根据自己的天资、能力、动机、需要、态度和价值观等慢慢地形成较为明晰的与职业有关的自我概念。随着人对自己越来越了解，这个人就会越来越明显地形成一个占主要地位的职业锚。

职业锚的概念和内容是职业锚理论的重点。职业锚是指当一个人不得不做出选择的时候，他无论如何都不会放弃的职业中的那种至关重要的东西或价值观。职业锚的核心内容由三部分组成：一是自省的才干和能力，以各种作业环境中的实际成功为基础，知道自己能干什么；二是自省的动机和需要，以实际情境中的自我诊断以及他人反馈为基础，知道自己想干什么；三是自省的价值观和态度，以自我与雇佣组织和工作环境的准则和价值观之间的实际遭遇为基础，知道自己为什么要干。施恩根据自己对麻省理工学院毕业生的研究，提出了人的五种职业锚，自 1992 年以后，麻省理工管理学院将职业锚拓展为八种锚位，分别为技术型、管理型、独立型、稳定型、创业型、服务型、挑战型、生活型。

（1）技术型追求在技术或职能领域的成长和技能的不断提高，以及应用这种技术或职能的机会。他们对自己的认可来自他们的专业水平，喜欢面对来自专业领域的挑战。他们一般不喜欢从事一般的管理工作，因为这将意味着他们放弃在技术或职能领域的成就。

（2）管理型追求并致力于工作晋升，倾心于全面管理，独自负责一个部分，可以跨部门整合其他人的努力成果，他们想去承担整个部分的责任，并将公司的成。功与否看成自己的工作。具体的技术或功能工作仅仅被看作是通向更高，更全面管理层的必经之路。

（3）独立型希望随心所欲安排自己的工作方式、工作习惯和生活方式。追求能施展个人能力的工作环境，最大限度地摆脱组织的限制和制约。他们宁愿放弃提升或工作扩展机会，也不愿意放弃自由与独立。

（4）稳定型追求工作中的安全与稳定感。他们可以预测将来的成功从而感到放松。他们关心财务安全，例如退休金和退休计划。稳定感包括诚实、忠诚以及完成老板交代的工作。尽管有时他们可以达到一个高的职位，但他们并不关心具体的职位和具体工作内容。

（5）创业型希望使用自己能力去创建属于自己的公司或创建完全属于自己的产品，而且愿意去冒风险，并克服面临的障碍。他们想向世界证明公司是他们靠自己的努力创建的。他们可能正在别人的公司工作，但同时他们在学习并评估将来的机会。一旦他们感觉时机到了，他们便会自己走出去创建自己的事业。

（6）服务型指那些一直追求他们认可的核心价值，例如帮助他人，改善人们的安全，通过新的产品消除疾病。他们一直追寻这种机会，即使这意味着变换公司，他们也不会接受不允许他们实现这种价值的工作变换或工作提升。

（7）挑战型喜欢解决看上去无法解决的问题，战胜强硬的对手，克服无法克服的困难障碍等。对他们而言，参加工作或职业的原因是工作允许他们去战胜各种不可能。新奇、变化和困难是他们的终极目标。如果事情非常容易，马上变得非常令人厌烦。

（8）生活型喜欢允许他们平衡并结合个人的需要、家庭的需要和职业的需要的工作环境。他们希望将生活的各个主要方面整合为一个整体，需要一个能够提供足够的弹性让他们实现这一目标的职业环境。他们认为自己在如何去生活，在哪里居住，如何处理家庭事务，以及在组织中的发展道路是与众不同的。

二、职业发展理论

职业发展理论主要是指个体职业心理发展的阶段性理论。这一理论认为，职业发展在个人生活中是一个连续的长期的过程，职业选择也不是个人面临择业时的单一事件，而是一个发展过程。个体在不同的职业发展阶段中，对职业的需要以及追求发展的方向和方式存在着较大的差异，只有充分认识到人在职业生涯发展的各个不同阶段的特点和规律，才能更好地规划自己的人生。下面我们将对金斯伯格（Ginsburg）的职业生涯发展阶段理论和舒伯的职业生涯发展阶段理论进行简要阐述。

（一）金斯伯格的职业生涯发展阶段理论

金斯伯格是美国著名的职业指导专家，在对人的职业生涯发展进行长期的分析和研究后，提出了职业生涯发展阶段理论。金斯伯格通过对人的童年到青少年阶段职业心理发展过程的研究，将个体职业心理发展分为幻想期、尝试期和现实期三个阶段，具体如下。

1. 幻想期

这一阶段是处于 11 岁之前的儿童阶段。这一时期的儿童已逐渐地获得了社会角色的直接印象，他们对自己经常看到或接触到的各类职业都感兴趣，并充满了新奇、好玩之感，幻想着长大要当什么。特别是他们在早期的游戏中，常常充分地运用各自的职业想象力，扮演他们各自所喜爱的角色。随着年龄的增长，游戏中所喜爱的角色，得到初步强化，他们开始在日常服饰搭配、语言行动上对这些角色进行模仿。如果这种模仿得到了成人和伙伴的赞许、肯定，那么他们的这种开始萌芽的职业意识会得到强化。其特点是属于单纯的兴趣爱好与模仿；不考虑自身的条件和能力水平；不能形成与社会需要相适应的职业动机，完全处于幻想之中。

2. 尝试期

这个阶段是 11 至 17 岁的青少年阶段。此时，个体的心理和生理迅速生长发育，有独立的意识，价值观念开始形成，知识和能力显著增强，其特点是有职业兴趣，但会客观地审视自身各方面的条件和能力；开始注意到职业角色的社会地位和社会意义等。同时，这个时期个体对未来职业的认知可以分为四个阶段：一是兴趣阶段，是 11 至 12 岁，选择工作的依据是喜好和兴趣；二是能力阶段是 12 至 14 岁，开始将所感兴趣的工作与自身能力做比较，也开始关注外在的因素，如职业、薪水、教育背景的差异；三是价值阶段，是 15 至 16 岁，开始注意选择职业所需要考虑的因素范围，他必须评量与他的职业特殊嗜好有关的因素，并且以他自己的目标和价值观来衡量；四是过渡阶段，是 17 岁左右，开始从兴趣、能力、价值等主观因素转移到实际条件上，初步确定自己的职业方向，是个人发展的枢纽站。

3. 现实期

这个阶段是 17 岁以后的青年年龄段。个体即将步入社会劳动，能够客观地把自己的职业愿望或要求，同自己的主观条件、能力，以及社会现实的职业需要紧密联系和协调起来，寻找适合自己的职业角色。这个时期所希求的职业不再模糊不清，已有具体的、现实的职业目标，表现出的最大特点是客观性、现实性、讲求实际。现实期可以分为三个阶段：一是试探阶段，对尝试期初步确定的职业方向进行各种职业的试探活动，如调查、访谈、参观、考察、查询、咨询等，了解职业发展方向及就业机会，为选择职业生涯做准备；二是具体化阶段，对职业试探活动中的某些结果，结合自己的情况进行比较分析，再一次缩小职业选择范围，使自己的职业选择方向更加具体化、明确化；三是专业化阶段，对个体职业发展的专业方向进行确认，并以实际行动投入到目标变为现实的行为过程中去，包括选择专业院校学习和直接对工作单位进行选择。

职业发展理论的提出，打破了历来的将职业选择看作是个人生活在特定时期出现的单一事件的观点，明确指出人的职业选择是一个不断发展的过程，职业规划要研究人的职业心理发展阶段，根据人的职业发展成熟程度，通过日常的有意识的教育工作来进行。但是，也曾经有人对金斯伯格的理论提出批评：一方面，这只是一个描述性的理论，他对促使职业发展的过程提供的指导较少，给职业咨询提的建议也比较少；另一方面，研究被试大部分都是白人男性，能否推广应用到其他人群还值得商榷。

（二）舒伯的职业生涯发展阶段理论

20 世纪 50 年代初，舒伯（Super）对生涯发展开始研究，他参照布尔赫勒（Buehler）的生命周期和列文基斯特（Lavighurst）的发展阶段论，根据自己的"生涯发展形态"的研究结果，发展出一个职业发展的生涯发展概念模式。舒伯提出了以发展自我概念为中心的生涯常模理论，即个人通过职业选择来寻求自我概念的实现。

自我概念是舒伯理论中的核心概念，是指个人对自己的兴趣、能力、价值观及人格特征等方面的认识和主观评价。人的自我概念在青春期以前就开始形成，至青春期较为明朗，并于成人期由自我概念转化为生涯概念。工作与生活满意与否，取决于个人能否在工作中找到实现自我的机会。舒伯将人格概念与职业概念紧紧联系起来，形成了他的生涯发展理论，也成为培养生涯能力的理论依据。他认为生涯发展是一个循序渐进、连续不断、不可逆转的动态过程，是一个有次序、具有固定形态的可预测的过程。舒伯认为人各有不同的能力、兴趣和个性，因此人都有适应从事某种职业的特性。并且根据身心特点、发展任务等的差异，将人的职业发展分为成长、试探、决定、保持与衰退五个阶段，其中有三个阶段与金斯伯格的分类相近，只是年龄与内容稍有不同。在以后的研究中，舒伯对于发展阶段的理论又进行了深化。他认为，在各个发展阶段中都要经历成长、探索、建立、维持和衰退这些阶段，这样就形成了一种螺旋循环发展的模式。这种大阶段套小阶段的模式丰富和深化了生涯发展阶段的内涵。各阶段中子阶段发展任务如表 1-1 所示。

表 1-1　循环式发展任务表

生涯阶段	青春期 14～15 岁	成年初期 25～45 岁	成年中期 45～65 岁	成年晚期 65 岁以上
成长期	发展合适的自我概念	学习与他人建立关系	接受自身的限制	发展非职业性的角色
探索期	从许多机会中学习	寻找心仪的工作机会	确认有待处理的新问题	选个良好的养老地点
建立期	在选定的职业领域中起步	确定投入某一工作，并寻求职位上的升迁	发展新的应对技能	完成未完成的梦想
维持期	验证目前的职业选择	致力于维持职位的稳固	巩固自我以对抗竞争	维持生活的兴趣
衰退期	从事休闲活动的时间减少	减少体能活动的时间	集中精力于主要的活动	减少工作时间

20 世纪 80 年代，舒伯创造性地描绘了一个多重角色生涯发展的综合图形——"生涯彩虹图"，如图 1-2 所示，综合阐述了生涯发展阶段与角色彼此间的相互影响，形象地展现了生涯发展的时空关系，更好地诠释了生涯

的定义。

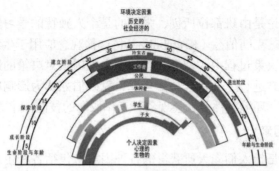

图 1-2　生涯彩虹图

在生涯彩虹图中，最外的层面代表横跨一生的"生活广度"，又称为"大周期"，包括成长期、探索期、建立期、维持期和衰退期。里面的各层面代表纵贯上下的"生活空间"，由一组角色和职位组成，包括儿童、学生、休闲者、公民、家长等主要角色。各种角色之间是相互作用的，一个角色的成功，将会为其他角色提供良好的基础；反之，某一个角色的失败，也可能导致另一个角色的失败。舒伯进一步指出，为了某一角色的成功付出太大的代价，也有可能导致其他角色的失败。彩虹图中的阴影部分表示角色的相互替换、盛衰消长。它除了受到年龄增长和社会对个人发展、任务期待的影响外，往往跟个人在各个角色上所花的时间和感情投入的程度有关。从这个彩虹图的阴影比例中我们可以看出，成长阶段（0～14 岁）最显著的角色是儿童；探索阶段（15～20 岁）是学生；建立阶段（30 岁左右）是家长和工作者；维持阶段（45 岁左右）工作者的角色突然中断，又恢复了学生角色，同时公民与休闲者的角色逐渐增加，这正如一般所说的"中年危机"的出现，同时暗示这时必须再学习、再调适才有可能处理好职业与家庭生活中所面临的问题。最后是衰退期。

舒伯的职业生涯发展阶段理论阐释了将个人特征与职业匹配的动态过程，并将制约个人职业选择和发展的心理因素、社会因素有机地结合在一起，对职业生涯发展的研究具有较高的理论及实践价值。

三、职业决策理论

职业决策理论可以帮助一个人为自己未来的职业发展做出准确定位，做出科学的职业生涯决策。只有掌握了科学有效的决策方法，才能做出合理的职业选择。下面就对克朗伯兹社会学习理论和认知信息加工理论进行介绍。

(一) 克朗伯兹社会学习理论

社会学习论是由班都拉所创，强调的是个人独特的学习经验对其人格与行为的影响。克朗伯兹（Krumboltz）将这种观念应用于生涯辅导上，用以了解在个人决策过程中，社会、遗传和个人因素对决策的影响，并对职业生涯影响因素进行了分析。具体来说，克朗伯兹认为影响职业生涯的因素有遗传因素、环境条件和社会现象、工作取向的技能三个方面。

1. 遗传因素

遗传因素是指人们先天所获得的各种因素，包括各种生理特征，如身高、外形、肤色、身体残疾等，这些因素在某种程度上会拓展或限制一个人的职业偏好和能力。另外，有些人天生就在艺术、音乐、书法、体育等方面有天赋。这些天赋也会对个人的未来职业选择有着密切关系。

2. 环境条件和社会现象

大量的环境因素会影响到个体的职业生涯选择。这些因素一般来说是超出个体能力控制范围之外的，包括社会因素、教育条件、职业条件和学习经历等。社会因素主要指社会中的很多变化，比如政策、技术的进步，需求的多少等。教育条件可能会受到学校、家庭等各方面的影响。职业条件主要是工作机会的数量和工作性质等。而一个人的职业偏好是其先前各种学习经历共同作用的结果，因此学习经历也会影响到职业选择。另外，像气候和地理环境这样的因素在很多方面甚至也会影响到个体。

3. 工作取向的技能

工作取向技能包括解决问题的能力、获取职业信息、找出备选职业并选定职业、工作习惯、心理状态、认知历程等。而遗传基因、环境状况以及学习经历都会培养这些技能。

克朗伯兹社会学习理论特别强调社会影响因素及学习经验的重要，从社会学习的观点来解释人类职业生涯选择的行为，弥补了其他职业生涯辅导理论在这方面的不足，因此具有重要的意义。同时，它对实际的职业生涯辅导工作，也提供了不少新的理念和具体的操作方法，具有较高的实用价值。尤其是其系统的职业决策步骤和方法，为咨询辅导人员通过个人咨询或团体培训等多种方式来培养咨询者的个人决策能力具有指导意义。但是，这个理论对个体在职业生涯决策历程中的心理反应却未深入研究，该理论试图解释个人的教育与职业爱好和技能如何形成，以及这些爱好和技能如何影响个人对各种课程、职业和工作领域的选择，但由于其作用机制相当复杂，只能说是为进一步研究做了铺垫。

（二）认知信息加工理论

盖瑞·彼得森（Gary Peterson），詹姆斯·桑普森（James Sampson），罗伯特·里尔登（Robert Reardon）合著了《生涯发展和服务：一种认知的方法》一书，这本书阐述了思考生涯发展的新方法，即我们熟知的认知信息加工（Cognitive Information Processing，CIP）。认知信息加工方法有八大核心内容，主要包括以下几方面。

（1）生涯选择以我们如何思考和感受为基础。

（2）进行生涯选择是一种问题解决活动。

（3）生涯决策要求有动机。

（4）生涯决策要求良好的记忆。

（5）作为生涯问题解决者，我们的能力以我们了解什么和如何思考为基础。

（6）持续进行的生涯发展是我们终身学习和成长的一部分。

（7）我们的生涯很大程度上取决于我们思维的内容和我们思维的方式。

认知信息加工理论有着丰富的内容，提出者将这些内容构成一个信息加工金字塔，位于塔底的领域是知识领域，包括自我知识和职业知识。中间领域是决策领域，包括了沟通、分析、综合、评估、执行五个阶段。最上层的领域是执行领域，包括自我言语、自我觉察、自我监督与控制。

1. 知识领域

知识领域中的自我知识和职业知识是构成生涯规划的基础。自我知识关注"对自我的认识"，是生涯规划的第一块基石。价值观、兴趣和技能是自我知识中最需要考虑的重要组成部分，价值观是"工作的动力"，兴趣是"喜欢做的事"，技能是"更容易做得出色的事"。价值观、兴趣和技能可以通过外部的、客观的测量工具获得。职业知识关注"认识我的选择"，是生涯规划的第二块基石，包括所了解的职业选择、学习领域和休闲活动。通过考察劳动力市场和职业信息，了解这些信息是如何组织及怎样查找和评估的。通过了解教育和培训的各种选择，探索休闲和娱乐的各种选择等。

2. 决策领域

决策领域通过沟通、分析、综合、评估和执行五个阶段描述了决策过程，它关注的是"了解我是如何做出决策的"，既是理性的，同时，也存在直觉的成分。"沟通"是指个体"接收"到有关问题的信息，经过"编码"的过程，传输出"这个落差是个必须解决的问题"的信息。"沟通"阶段能识别到理想与现实情境之间存在差距的信息。"分析"以确定生涯问题的原因及生涯各部分间的关系为特征，是对问题所有方面进行更充分理解的一个反思阶段。"综合"以形成一个可供选择的解决生涯问题的方法清单为特征。这一阶段将综合和加工分析阶段提供的信息，从而制定出消除问题或差距的行动方案。"评估"以对可能的解决方法进行排序为特征，尝试性的最佳选择从这一决策阶段中产生。"执行"以实施生涯问题解决的规划和执行步骤为特征，可包括对解决问题的首选方法的尝试或真实性测验。

3. 执行领域

自我语言、自我觉察和自我监督与控制是执行领域中特别重要的三种技能。自我语言是人们就他们的表现与自己交谈，是一种自言自语式的内在对话。积极的对话能产生一种积极的期待，能强化积极的行为。自我觉察是指解决问题和做出决定时能够意识到自己。自我觉察包括对行为的觉察和对情绪的觉察。优秀的生涯问题解决者能意识到自己的感受，能意识到他人的需要，从而做出对自己和社会都有利的选择。监督是指个体判断什么时候任务已经完成、什么时候进入下一个任务、什么时候一个任务需要额外帮助等的能力。控制是指个体在工作或活动中有目的地参与一个合适的问题解决和决策制定的能力。监督和控制可以帮助当事人监控决策的整个过程。

第三节　职业规划的影响因素及误区

一、职业规划的影响因素

职业规划既是个人发展的基础，又是个人发展的历程体现。每个人都有不同的发展阶段与历程，规划职业的重点也就有所不同。影响职业规划的因素是多方面的，通常来说，大学生在做职业规划时应考虑以下几方面的因素。

（一）自身因素

1. 身体因素

一个人职业生涯的发展与自己的身体状况密切相关，健康的身体是任何人职业规划开始的首要条件。几乎所有的职业都需要有健康的身体。但紧张忙碌的职业会导致压力增加。所以，采取一些技巧，保持适度的压力激励自己，但又不伤害身体是十分重要的。爱惜身体，实际上就是保护你自己的职业生涯发展的未来，没有好的身体，未来就可能是负数。

2. 性格因素

性格对一个人职业生涯发展的影响是非常直接的，有什么样的性格就会有什么样的未来。职业心理学的研究表明，不同的职业有不同的性格要求。虽然每个人的性格都不能百分之百地适合某项职业，但却可以根据自己的职业倾向来培养、发展相应的职业性格。许多工作对性格品质有着特定的要求，要选择某一职业就必须具备这一职业所要求的性格特征。如教师除了具备丰富的知识外，还应具备热爱学生、正直、有责任感等良好品质；企业家，除了具备这一职业所要求的气质、能力外，还应具有果断、勇于开拓创新的特征；医生要求具有救死扶伤的人道主义精神和一丝不苟的工作态度。

3. 价值观因素

价值观是一种内心尺度。它凌驾于整个人性当中，支配着人的行为、观察、态度、信念、理解等，支配着人认识世界、明白事物对自己的意义和自我了解、自我定向、自我设计等；也为人自认为正当的行为提供充足的理由。社会价值观念正是通过影响个人价值观念而影响个人的职业发展。通常，一个人的职业生涯发展是在一定的群体条件下完成的，个人价值观是否与群体价值观相统一、相融合是影响一个人职业生涯发展是否顺利的重要因素。通常情况下，职业价值观包括以下几个方面。

（1）社会地位：所从事的工作在人们的心目中有较高的社会地位，从而使自己得到他人的重视与尊敬。

（2）经济报酬：获得优厚的报酬，使自己有足够的财力去获得自己想要的东西，使生活过得较为富足。

（3）成就动机：不断创新、不断取得成就、不断得到领导和同事的赞扬或不断实现自己想要做的事。

（4）智力刺激：不断进行智力开发，动脑思考、学习和探索新事物，解决新问题。

（5）审美主义：能不断地追求美的东西，得到美感的享受。

（6）自主独立：能够充分发挥自己的独立性和主动性,按自己的方式、想法去做，不受他人干扰。

（7）安全稳定：希望不管自己能力怎样，在工作中要有一个安稳的局面，不会因为奖金、加资、调动工作或领导训斥等而经常提心吊胆、心烦意乱。

（8）权力控制：获得对他人或某事的管理权，能指挥和调遣一定范围内的人或事物。

（9）社会交往：能和各种人交往，建立比较广泛的社会联系和关系，甚至能和知名人物结识。

（10）追求新意：希望工作的内容经常变换，使工作和生活显得丰富多彩，不单调枯燥。

（11）轻松舒适：希望将工作作为一种消遣、休息或享受的形式，追求比较舒适、轻松、自由、优越的工作条件和环境。

（12）利他主义：总是为他人着想，把直接为大众的幸福和利益尽一份力作为自己的追求。

（13）人际关系：希望一起工作的大多数同事和领导人品好，相处在一起感到愉快、自然。

4．心理因素

个体对职业的心理感觉非常重要，很多职业生涯发展中的问题都是心理因素造成的。有的人常有这样的感觉，新到一个单位，哪些方面都不错，就是心理感觉不舒服，到底是哪不舒服又说不上来，但总是高兴不起来，使自己进入不了状态，难以产生自己预期的效果，产此以往就会感到自己的努力没有价值，并懈怠于这种努力，职业生涯也将从此开始走上下坡路。

5．教育因素

教育对一个人的职业生涯产生了巨大的影响。一般来说，一个人受教育程度越高，其思维和行为模式呈现多元化，知识结构和劳动生产能力越强，其职业规划得也就越好，其职业生涯发展得也就不错。即便是同一个高校的学生，由于所学专业不同，接受教育的能力不同，其职业规划也不同。

6．能力因素

能力是职业生涯发展的根本因素，它的大小决定着一个人的职业生涯发展状态，正确评价自己的能力，就可以预知自己的职业生涯发展潜力到底有多大。人的能力是其进行职业规划最重要的影响因素，必须要注意以下几点。

（1）要懂得扬长避短。特殊职业有特殊的能力要求，这是我们扬长避短的最佳途径。如语言表达能力差的人可以做保密工作，怕寂寞的人可以做推销工作等。

（2）必须考虑到各种能力的组合。一种职业往往不止需要一种能力，而是需要以一种或几种能力为主的能力组团为基础，才能适应职业的需要。这就要求我们在进行职业规划时，不仅要考虑自己特长的能力，还要围绕这种特长考虑多种能力的组合，以及这种能力组合与职业需要之间的吻合，这样才能收到良好的效果。

（3）要充分考虑到可能获得与可以提高的能力。这里所说的能力可分为两部分，一部分是现在已经具有的，另一部分是有可能通过以后的学习得到的。因此我们在进行职业规划时，不仅要依据现有的能力条件，还可以将预计有可能获得与可以提高的能力也考虑在内，以便找到更适合的职业。

（二）环境因素

1. 家庭环境

家庭是一个人的第一学校，每个人从出生伊始就受到家庭环境的影响。由于家庭的特殊作用和影响力，对一个人的职业规划产生了很大的影响，形成一定的价值观和行为模式。

具体说来，家庭影响主要有如下几种。

（1）家庭期望。家庭对大学生的期望大小不同、高低不同。期望值较低的，容易使大学生选择那些与自己爱好、能力等相匹配的职业方向。期望值高的，大学生选择的职业方向相对而言就是社会上的热门，社会地位和收入等都较高。

（2）家庭需要。任何家庭都有正常的需要，这些需要对大学生选择职业方向也会有影响，但一些家庭还有特殊的需要，这些特殊的需要对大学生的影响更大。例如家庭成员中有患疑难病或慢性病的，大学生选择医药职业方向的概率就会比较高。

（3）家庭的支持力度。家庭对大学生选择较好职业的支持态度是毋庸置疑的，但支持的力度有很大差别。这主要是由于家庭成员的社会地位、经济条件、社会关系等不同造成的。如果没有家庭的支持，或家庭支持的力度太小，大学生在选择职业方向时，就会将自己的兴趣、爱好等打折扣，而转向较容易进入的职业和较顺利获得的职位。反之则会寻求更高更好的职业方向，职业规划也将能更好地实现。

2. 社会环境

每一个人都生活在特定的社会中，都要受到社会环境的影响。社会经济发展、政治秩序、就业政策和体制这些社会大环境都会影响职业岗位的数量和结构，人们的职业观念和职业理想，对一个人的职业规划和职业发展都会产生重大的影响。任何脱离社会实际环境而设计出来的职业生涯路线都是一种"臆想"。如通过考试成为公务员中的一员是一些大学生的职业梦想，但如果所有大学生都把自己的职业规划成为公务员，就成了脱离现实的梦想。社会环境对人们职业规划的影响，具体来说是通过以下几个方面来实现的。

（1）社会政策。了解社会政策的变化对自己的职业规划是否有影响。作为一名大学生，对社会政策不仅要了解，能做出快速反应，而且要能有一定的预见力，及时调整自身以适应社会政策的变化。

（2）社会文化环境。选择职业也要考虑社会文化环境，社会文化环境包括教育条件和水平、社会文化设施等。社会文化环境在很大程度上影响人们的思想和行为，在好的社会文化环境影响下，个人能受到良好的教育和熏陶，人们的思想和行为往往会向好的方向发展，最终走向成功。而且好的社会文化环境能使人得到好的教育和影响，个人的知识水平和职业技能会有大的增长和提高，这就增加了个人在激烈竞争中获取成功、用知识改变命运的概率。所以，选择好的社会文化环境将为今后的职业发展打下良好的基础。

（3）社会变迁。社会变迁会对人的职业生涯发展产生较大的影响，比如知识经济和信息化社会的发展。目前的信息行业、电信行业都是如日中天的行业，这些行业的发展正是由于社会信息化和知识经济迅速发展的结果。而随着信息化的不断加快，必然会对各行各业产生更大影响。

（4）科技发展。科技的发展，有时候直接决定着一个行业的兴衰，同时科技的发展带来理论的更新、观念的转变、思维的变革、技能的补充等，而这些都是职业规划中不可或缺的要素。认清科技的发展对不同行业可能产生的变化，对职业选择有很大的帮助。

3. 经济环境

经济环境对人的职业生涯发展有一定的影响，当经济振兴时，百业待举，新的行业不断出现，新的组织不断产生，机构增加，编制扩容，所有这些都为就业及晋升创造了条件。反之，就带来不利条件。

当前，国际化经营使经营贸易国界消失，这对人的素质提出了更高的要求。它要求经营人才不但精通专业技术与经营知识，还要精通外语、熟悉国际贸易法以及异国他乡的风俗习惯等。

经济模式的变化对人的影响更大。比如，由过去的计划经济转为市场经济，加上知识经济社会的到来，无疑给人的生活方式带来巨大的变化，对人的就业、人的发展、人的素质提出更高的要求。

4．政治环境

政治环境主要是指政策、法律等政治因素。特别是在我国目前条件下，法律、法规尚在逐步建设过程中，政策、制度变化也很大，而这些政策、法律的变化，不仅对企、事业单位盛衰影响很大，而且可能影响到整个行业的兴衰。所以，大学生在进行职业规划时一定要了解政策法规并注意它们的发展趋势，进而影响自己选择职业方向。

5．组织环境

组织环境对大学生职业规划有很大的影响，主要是通过以下几方面来实现的。

（1）组织的发展态势。组织发展的态势，尤其是行业的发展态势，对大学生选择职业方向有巨大的影响。组织或行业正处于朝阳时期，人们对其前景普遍看好，这种职业方向无疑是吸引人的。反之，人们便会对这一行业失去信心，从而转向其他行业了。

（2）组织的发展战略。组织的发展战略往往意味着个人的发展机会，如果二者的吻合度高，个人得到发展进步的概率就高，反之则个人的潜力很难得以发挥，抱负很难实现。如果只是一个组织的战略如此，我们还可以转向其他组织，但要是这一职业方向的组织战略大多如此，我们就只好转向其他职业方向了。

（3）组织在选人用人方面的要求。组织选人、用人的要求，特别是多家有代表性组织选人用人的相同或相近的要求，对大学生进行职业规划的影响是巨大的。首先，他们会根据自己能力条件与这些组织要求的吻合度，加上自身的努力程度来选择自己的职业方向；其次，他们可能因此而改变自己的选择方向，影响自己的职业发展。

（4）组织成员的收入福利状况。收入福利状况好，人们就向往，反之人们就会犹豫。当然也有人会考虑其他方面的因素而放弃眼前利益的追求，毅然选择收入福利一般的组织，这只是事物复杂性的体现。

（三）职业因素

影响大学生职业规划的职业因素主要包括以下几方面。

1. 职业岗位的数量

职业岗位的数量直接影响着大学生的职业选择。一般来讲，就业岗位与经济形势、发展成正比。因为一个国家或地区为求职者提供的职业岗位数量，从根本上取决于国家经济形势和区域经济发展的速度和水平，取决于技术设备的现代化水平。

改革开放以来，随着经济的发展，我国在解决就业方面取得了瞩目的成绩，城镇安置就业人数一直在增加，但劳动力供给总体上供大于求，再加之结构性原因、技术性原因和体制性原因，导致巨大的就业压力仍得不到缓解。严峻的就业形势对大学生就业提出了挑战，同时我国经济形势的发展也给大学生就业带来了机遇。

（1）加入世贸组织会带来职业岗位数量的增加。自我国加入 WTO 后，经济逐步与世界经济形成一体化，一些产品陆续加入世界竞争，随着对外贸易活动的频繁，境外业务往来增多，劳务输出，境外就业的数量将会大大增加。

（2）由科技进步引起的产业结构调整将提供更多的职业岗位。随着科学技术的迅速发展、知识经济的到来，我国的社会服务行业也会相继出现一系列新兴职业，计算机软件编程、操作、维修及信息管理和信息咨询等新技术也会扩大和增加。这些都将为大学生提供更多的职业岗位。

（3）西部大开发战略将吸引更多的人才。我国西部地域宽广、资源丰富、人口密度较小、技术力量缺乏，西部大开发战略的实施，为有志于在西部一展宏图的青年提供了一个广阔的事业天地。

2. 职业声望和职业地位

职业声望是人们的一种主观感受，是指某种职业在人们心目中的声誉和地位。职业地位则是指职业在社会、在职业体系中的位置。二者密切相关，一般认为，职业地位高，职业声望也相应高。但也有着特殊情况存在，有的职业有较高的社会地位，但社会声望并不高；有的虽然有较高的声望，但实际社会地位并不高。因此，大学生在选择职业时，要对择业单位的社会地位和社会声望做具体分析。未来社会对职业的知识含量和技术含量的要求将不断增加，对职业劳动者的素质要求也越来越高，原有的人才结构类型已很难继续适应经济的进一步发展，社会分工的不断细化迫切需要数以万计的专门人才，这也增加了大学毕业生的就业机会。不过，现代职业的发展变化无疑会对大学毕业生择业产生巨大影响，是否具备获取知识、运用知识和创新知识的能力，是现代社会中每个人在激烈的国内、国际竞争环境中成败的关键。这就要求毕业生转变就业观念，以发展的眼光看待问题，正确看待初次就业，寻找那些有潜力、有发展机会的职业，在工作中丰富自己的知识，提高工作能力。

二、职业规划的意义

职业生涯活动伴随了我们大半生，甚至更长远，拥有成功的职业生涯才可能实现完美人生。因此，职业规划，只要开始，永远不晚，职业规划对于实现自己的人生价值，对于一生的幸福和满足都具有特别重要的意义。具体可以表现在以下几个方面。

（一）大学生进行职业规划对个人的意义

职业规划对于个人的意义就在于帮助规划者寻找适合自身发展需要的职业，实现个体与职业的匹配，实现个体价值的最大化。这主要体现在以下几方面。

1. 职业规划是满足人生需求的重要手段

美国心理学家马斯洛指出："人是永远不能满足的动物。"并提出了著名的"人生需求理论"，指出人的需求由低级向高级层次推进，即生理的需求→安全的需求→友爱和归属的需求→受尊重的需求→自我实现的需求。这里需要强调的是，较高级的人生需求，如社交需求、尊重需求、自我实现需求是无限的，必须通过满足社会公众和他人的需求才能实现。一份职业能够带来生命赖以存活的食物、水等物质，能够带来一个安全舒适的住房以供休息放松，也能够带来人们的认可、尊敬、友爱，更带来幸福的成就感。现代人大部分的需求都要通过职业生涯活动得以满足。职业生涯是个体生命中投入时间、精力最多的人生组成部分。人需求越高级，对职业生涯的期望也就越大，也就更需要职业规划。

2. 职业规划是促进人全面发展的重要手段

随着生活水平的提高，人们的自我意识逐步增强，人们的要求已经不仅仅是停留在健康、财富的基础上了，而是渴望拥有丰富的知识、卓越的能力、良好的人际关系、幸福的家庭、多彩的休闲时光……要获得全面发展，大学生就要对自己有一个全面的认识，要根据自身情况选择人生的发展路线，这就离不开职业规划。

3. 职业规划能够帮助大学生重新认识、评价自我

每个大学生都有自己的特长，这在职业生涯中可能促使大学生走向成功，关键在于在职业发展过程中如何运用自己的优势和特长。职业规划能够帮助大学生通过测评和自省重新认识和评价自我，进行自我全面的分析，从而了解自己的兴趣爱好、个性特征，引导学生对自己的综合优势与劣势进行对比，明确自己的职业理想和职业发展目标，正确地评估大学生目标与现实之间的差距，并结合实际来确定自己的职业定位，搜索或发现新的或有潜力的职业机会；可以帮助学生学会如何运用科学的方法采取可行的步骤与措施，不断增强学生职业竞争力，实现自己的职业目标与理想。

4. 职业规划能够帮助大学生积极高效地完成自己的学业

人生目标的实现不仅包括大学生在学习中的表现及业绩，而且还包括超出现实学习之外的一些前瞻性的准备，如参加业余学习班学习，掌握一些学习以外的技能或知识。没有职业规划，大学生就很容易沉陷于繁杂事务，精力分散，很难全神贯注地学习、发挥才干，无法实现人生目标。制订职业规划有助于大学生合理地安排日常学习与生活，评价各种学习、培训的轻重缓急，从而高效地完成学业。

5. 职业规划能够促进大学生健康成长

虽然不少大学生对自己的兴趣、能力甚至价值观或多或少地都有一些了解，但对毕业之后"我要到哪里去"和"我该如何去那里"这两方面的认识还不够清晰。处于这种情况下的大学生，都应该对自己的职业生涯加以规划，因为职业规划对大学生成长有着极为重要的意义，主要表现在以下四方面。

（1）发掘大学生自身潜在资源优势。在大学期间，有许多学生对自己并不了解，尤其是不了解自身的优势和劣势。职业规划能够帮助大学生集中精力，全神贯注地学习与工作，为实现自己的职业目标尽可能发挥大学生的潜能。通过有效的职业规划，可以使学生认识到自身的个性特质、现有的和潜在的资源优势，对自己的综合优势和劣势进行对比分析；认识自身的价值，着力培养某些职业特质；树立自己的职业发展目标和职业理想，避免在职业选择过程中的盲目性和不切实际性；较客观地评估自己的大学生目标与现实之间的距离，为获得自己认为理想的职业而去做各种准备；

规划自己的学习与实践，运用科学的方法采取切实可行的步骤和措施，不断增强职业竞争能力，实现自己的职业目标与理想。

（2）增强大学生就业的核心竞争力。好工作不是依靠运气得来的，它是多种因素共同作用的结果。对于大学生来说，影响其求职的因素包括学校培养质量、专业与社会需求和来自学生的变量，如大学生综合素质、就业观念、性别、就业技巧、生源地与家庭背景，以及学校职业指导工作是否到位等。其中，属于大学生本人能够控制的主要是大学生素质、就业能力与技巧。大学生的求职材料是大学期间学习、生活的真实写照。大学生如果及时做好了自己的职业规划，就会努力学习科学文化知识，不断朝着自己的方向前进，就业中的核心竞争力就会潜移默化地增强。

（3）增强大学生的自信心。信心对大学生职业生涯的成功起着至关重要的作用。而现代社会的"文凭热"，多少让大学生处于一种尴尬的境地，自信心也受到影响。职业规划的本质就是不断学习，随着知识的积累，接受的培训和教育的增多，大学生对自己和职业工作认识的加深，自信心也就会逐渐建立起来。

（4）减少大学生职业试错过程。大学时期正是大学生职业生涯早期的学习探索阶段，也正处于学习生涯结束期和职业生涯开始期，在这一交替时期，大学生将认真地探索各种可能的职业选择，对自己的天资和能力进行现实的评价，并根据未来的职业选择做出相应的教育决策，最终完成自己的初次就业。在这一时期，合理规划职业生涯之路，不仅有助于缩短职业适应期，减少职业试错过程，而且对今后的职业成功及对社会的贡献都有很大帮助。

6. 职业规划能够激发大学生潜能

一个大学生的潜在能力其实是无限的，需要我们充分地去挖掘，只有善于激发大学生潜能，才会努力学习从而实现能力的提高和锻炼。职业生涯发展规划能够帮助大学生集中精力，为实现自己的职业目标尽可能发挥大学生的潜能。没有制订职业生涯发展规划的人，很容易沉陷于繁杂事务。精力分散，就很难全神贯注地工作，也很难充分发挥自己的才干。比如，在大学期间，并不是每一个大学生都在组织协调、科研发明等方面有优势，但是相当一部分同学在这些方面有很大的潜能。所以，一旦赋予这些大学生以工作任务和目标，调动他们内在的激情，他们都会通过努力学习、专心实践，充分激发其潜能，最终将工作和学习完成得很好。

7. 职业规划能够帮助大学生提升自身的价值

职业规划能够帮助大学生认识自身的个性、特点和现有的潜在的资源优势，重新认识自身的价值并使其持续增值。因为在职业规划过程中，要求规划者对自身的价值重新进行评估，并通过层层递进的评估重新审视自己，重新认识自己的价值。在此基础上，根据职业方向来确定自己所需要进行的培训和制定相应的行动计划，从而进一步增强自己的职业竞争力。

8. 职业规划能够帮助大学生立足现有成就确定高尚奋斗目标

事实证明，许多在事业上失败的人，并不是没有知识和能力，而是在于他们没有很好的规划自己的职业生涯，没有确定合适的目标。目标能够帮助大学生从现在走向未来，只有明确了目标，大学生才有奋斗的方向，才会积极的创造条件实现目标；只有明确了目标，大学生才能找到与自己最匹配的职业发展道路。职业规划首先要做的就是防止自己产生混沌度日的倾向，培养自己的危机意识，而且提醒你、启发你，让你自发地、迫切地感到："这是我走向成功必须具备的意识，而且有了这种意识，我在平时生活中可以看得比别人更远，想得比别人更深，做事更有毅力和决心。如果我想站在更高的起点，到达更辉煌的终点，我需要为自己进行职业规划。"因此，大学生职业规划尤为重要，能够帮助他们在认识自我的基础上确立自己今后的发展方向，并且通过对外部环境和自我的分析更好地确立实现事业成功的策略。

9. 帮助大学生全面了解社会资讯，丰富求职手段

生活在象牙塔内的大学生们，常常缺乏对社会、对外部职业资讯的了解。在职业规划过程中，学生需要不断获得包括职业、组织、社会等在内的多方面的外部信息，获得的外部信息越多，心理上的准备也就越充分，在规划自己未来发展的时候，就能够根据社会的需要，考虑眼前利益和长远发展的关系，合理地规划自己。

当今社会，竞争突出，做好自己的规划才能做到心中有数，不打无准备之仗。而不少应届大学毕业生不是首先坐下来做好自己的职业规划，而是拿着简历与求职书到处乱跑，总想会撞到好运气，找到好工作。结果是浪费了大量的时间、精力与资金，到头来感叹招聘单位是有眼无珠，不能"慧眼识英雄"，叹息自己英雄无用武之地。这部分大学毕业生没有充分认识到职业规划的意义与重要性，认为职业规划纯属纸上谈兵，简直是耽误时间，有那时间还不如多跑两家招聘单位。这是一种错误的理念，实际上未雨绸缪，先

做好职业规划，磨刀不误砍柴工，有了清晰的认识与明确的目标之后再把求职活动付诸实践，这样的效果要好得多，也更经济、更科学。

10. 职业规划能够帮助大学生抓住工作的重点

任何事情、任何项目都有其工作的重点，如果不能对把握工作重点的轻重缓急进行排序，不能紧紧抓住工作的重点，必然是对工作面面俱到、浅尝辄止，而重要的工作却往往又没有用足够的精力去认真完成，其结果就是难以成功。一个大学生要想成就一番事业，树立了明确的目标，抓住了工作的重点，才会有意识地为工作重点下最大的工夫，为工作需要创造最有利的条件，从而取得成功。没有职业生涯发展规划，就很容易被日常事务所困扰，甚至被日常琐碎的事务掩埋，无法实现人生目标。通过职业生涯发展规划，大学生能够紧紧抓住工作的重点，从而为职业生涯的发展奠定良好的基础。

11. 职业规划能够加强大学生努力工作的决心

任何人做任何事都必须要经过艰苦的大学生努力方能获得成功。职业规划给了个体一个明确的目标，也就等于给了个体不断督促自己努力向着目标前进的鞭策力。随着规划内容的逐步实现，一个个小目标的实现又累积了个体的成就感，增强了个体对实现大目标的信心。同时，随着时间的推移，一步一步地实现所制定的规划，自己的思想方式和工作方式乃至于生活方式又会不断地完善和提升，个体也就会产生加倍努力工作的决心。

12. 职业规划能够帮助大学生更好地把握环境、应对困境

职业规划所进行的各项工作不仅可以使大学生了解自身的长处和短处，养成对环境和工作目标进行分析的习惯，而且可以使大学生合理计划安排时间和精力开展学习和培训，以完成工作任务，提高职业技能，从而增强大学生对职业的把握能力和对困难的控制、应对能力。同时，良好的职业规划可以帮助大学生综合的考虑生活同大学生追求、家庭目标等其他生活目标的平衡，避免顾此失彼；也可以使大学生从更高的角度来看待职业生活中所面临的各种问题和选择，帮助大学生将各种分离的事件联系起来，共同服务于职业目标。

13. 职业规划能培养积极上进的人生观

在我国，自我实现有时可以被理解为"事业有成""功成名就"，而事业有成必须以正确的职业选择与发展为前提。因此，大学生应该以科学的

方法来正确地、全面地认识自我，了解社会对人才的需要，找出自己在知识、能力等方面与社会需要的差距，确定自己的发展方向与目标。为了成就自我实现的人生目标，大学生有必要对大学生涯进行科学合理的规划，并通过规划采取实际的具体行动。所以说，职业规划能够激发大学生自我实现的需要，培养积极向上的人生观。

（二）大学生进行职业规划对组织的意义

对组织而言，职业规划同样也具有深远的意义。

1. 职业规划能够促进企业的持续发展

在职业规划中年龄、性别、学历的差别将导致不同的发展方向和途径，做职业规划必须要考虑员工大学生的特点和需要，根据员工自身特点设计职业生涯发展的不同途径，这利于不同类型的员工在职业生涯中扬长避短，就为员工在组织中提供了更为平等的发展机会。

2. 职业规划能够帮助组织深入了解内部成员

组织对员工进行职业规划，其主要任务就是帮助组织和员工了解职业方面的需要和变化，帮助员工克服在职业发展过程中遇到的困难，提高员工的职业技能，实现组织和员工的发展目标。通过职业规划，组织能够了解组织内部员工的现状、需求、能力及目标，调和他们同存在于组织现实和未来的机会和挑战之间的矛盾。

3. 职业规划能够帮组织合理有效地利用人力资源

大学生的职业规划能否成功实现，离不开组织的支持和帮助。职业规划一般都是针对组织和员工的特点"量身定做"的，有针对性的职业规划的深入开展有利于组织人力资源水平的提高，可以增加企业内部的人力资源储量，促进企业持续稳定发展。

社会的快速发展，为大学生们施展才华提供了更为广阔的舞台，大学生追求事业成功的愿望更为迫切。然而对于当代大学生而言，就业难已成为不争的事实。但是在这严峻的就业形势中，仍然相当一部分人找到适合自己的舞台，究其主要原因，是他们对自己的职业生涯发展做出了科学合理的规划，能客观、全面地看待自己，对自己和周边环境有一个深刻的认识，能够科学地确定自己职业发展的目标和方向，不断开发自己的潜能，为实现目标努力。知识经济的发展，使得企业更欢迎有准备的人才。因此，大学生迫切需要一个有效的职业生涯发展规划。

（三）大学生进行职业规划对学校的意义

培养合格的劳动者是我国高等院校的根本任务，培养高质量的专门人才是高等院校的生命线。大学生职业规划有助于高等院校树立自己的人才品牌，提高自身的办学核心竞争力。

1．大学生进行职业规划有利于提高高等院校的管理水平

大学生职业规划的目标要求学校人才培养更应全面科学，更应注意个性化培养，人才培养目标由"优秀"向"合适"转变。这种科学的管理理念的建立，需要更多的部门和人员直接参与学生的培养，为学生提供更为全面的指导与服务，促进学校全面育人、全员育人、科学育人体系的完善，促使学校就业服务、就业指导、就业管理工作的全面提高。

2．大学生进行职业规划有利于提高高等院校的办学质量

职业规划突出了大学生的自主性和实践的重要性，使学生在社会实践中更好地了解外部环境和自身条件，拓展与企业的交流与联系，为学生的实习创造了条件，成为学校教学中一个必不可少的环节。在对大学生进行职业规划指导的过程中，高校结合市场的变化，对专业和课程设置做出及时的调整，对课程内容进行相应的更新，这促进了学校自身教学的针对性和时效性。

3．大学生进行职业规划有利于提高思想政治教育有效性

职业规划工作的系统推进能很好地承担起思想政治教育的功能。高等教育是一项系统的培养工程，它以推动大学生全面发展的素质为核心内容。通过职业规划的实施进程，可以加强大学生对于外部世界及自身的认识，可以帮助大学生树立正确的人生观和价值观，使他们既有远大的理想，又有科学的近期目标和长远目标。

第四节　大学生职业规划的问题及解决策略

一、大学生职业规划的问题

（一）缺乏有意识的职业规划

目前，我国高校的学生培养过程和市场人才需要接轨的程度仍然不够，使得大学生的学习缺少明确目的性和主动性。许多大学生被动地按照学校教学大纲和课程安排进行学习，未能把大学阶段作为人生发展的一个重要成长阶段，缺乏有意识的职业规划。目前在大学校园中，真正了解职业规划的学生为数不多，对职业规划只知道概念而缺少实际操作和应用技能，这必将影响到他们对将来职业的选择和未来人生发展的定位，最终影响到他们未来的职业生涯发展。

（二）对自我的认知不全面

许多大学生对自我的认知往往还不全面，对事物的观察和思考容易理想化，心理并不完全成熟。许多大学生没有做好自身的职业规划，首要的原因是对自己认识不清，不知道自己真正喜欢什么、想干什么、适合干什么和擅长干什么。由于每个人都有自身的特点，因而工作的选择也没有固定的模式可遵循，关键是要从自身的实际情况出发，根据自己的特点和兴趣找到适合自己的工作。因此，客观冷静地分析认识自己，明确自己的优势和劣势就显得非常重要。

（三）不能准确定位职业目标

大学生职业目标的定位不准主要表现在以下两个方面：一方面是自我评价过高，好高骛远，职业目标定位过于理想化，往往会带来心理与现实之间的极大反差，致使对自己的职业前景感到暗淡，出现消极的情绪状态；另一方面是自我评价过低，缺乏自信，对自己优点认识不够，常常低估自己的能力，职业目标定位偏低，这样不仅会埋没自己的才能，对以后的职业发展也会产生不利的影响。总体上看，大学生的职业目标过于功利，过分看中职业的经济价值，而忽视了职业的理想价值，存在着追求实惠和功利化倾向。

（四）职业规划的落实不到位

职业规划的落实不到位是目前我国大学生在职业规划中比较常见的现象。设计大学生职业规划的重要目的在于指引大学生涯的前进方向，培养大学生将来的职业素养，充实大学的生活，真正地为将来的职业生涯奠定良好的基础。它的价值在于当你偏离人生发展方向时，可以及时提醒你，帮助你纠正，引导你重新走上正确的轨迹。因此，需要大学生根据自己的实际情况，科学合理地进行职业规划，并按规划的要求付诸实施，达成职业生涯及人生的目标。

二、大学生职业规划问题的解决策略

（一）学校方面的策略

1. 建立高素质的职业规划辅导教师队伍

高校应逐渐培训一批高素质的既熟悉学生工作又了解就业市场的师资队伍，使他们尽快掌握职业规划指导的专业知识、方法和技巧，真正成为职业规划方面的行家里手和职业规划辅导队伍的中坚力量。这些专家化的职业规划辅导教师能经常性地开展毕业生的就业指导、咨询、推荐和服务工作，帮助大学生掌握求职的技能和知识；能客观分析当前社会的职业状况和学生个体发展状况，帮助学生制定合理的职业规划；还能根据国家政策的调整、社会环境的变化，指导大学生修改和调整自己的职业规划，促使大学生的职业规划行之有效。

2. 建立健全大学生职业规划辅导机构

高校应建立健全职业规划辅导机构，配有专职人员、固定场所以及必备的辅助工具，包括资料室、咨询室、洽谈室和会议室及与之相配套的多媒体设备。该机构应全面负责学校职业规划教学活动的组织与计划工作，密切关注大学生就业市场的发展变化，积极开展职业规划指导的调查研究工作，为学校调整和确定自己的办学模式、办学层次、专业设置和教学内容提供有力的参考依据。确保大学生从入学开始的每个阶段都有职业规划辅导人员为其提供相应指导和服务，用人单位在挑选毕业生时，也可以从学校方面获得所需毕业生的信息。

3. 构建全方位职业规划培训辅导体系

高校的职业规划辅导要贯穿学生大学学习的全过程，在不同年级、不同阶段、不同培养层次构建一套具有系统性、科学性、可操作性的大学生职业生涯辅导体系。

大学一年级要指导大学生树立职业规划的理念，明确人生发展目标；大学二年级要指导大学生科学制定职业规划，让大学生认清自己的优势与特长、劣势与不足，让学生对职业现状和职业发展前景有比较深入的了解；大学三年级要引导大学生关注职业需求变化对职业生涯的影响，构建合理的知识、能力和素质结构，掌握一定的就业求职技巧；大学四年级要指导学生熟悉社会上的职业，完成从学生到职场劳动者的角色转换，顺利度过适应期。

4. 构建与社会对接的职业规划训练平台

大学生职业规划具有很强的社会性，如何有效地整合社会资源是做好这项工作的重要突破口。具体来说，高校应该做到以下几方面。

第一，要加强与用人单位联系，主动走访社会上的用人单位，征求它们对人才培养的建议。

第二，聘请社会上的职业指导专家、人力资源专家进校，通过专题讲座、案例分析、经验分享、面对面咨询，使学生了解更多的相关就业信息、择业技巧、职业道德、社交礼仪等方面的知识，帮助大学生准确定位，使职业规划更加贴近社会，贴近实际。

第三，优化校外实习基地建设，通过校外实习，培养大学生沟通能力、敬业精神、团队合作精神和社会责任感，使大学生积累更多工作经验甚至教训，提高实践能力和社会适应能力。

第四，加强与校友的沟通与联系，其中的成功人士的经历和经验对在校大学生非常有说服力，可以使大学生充分认识到职业规划对自己今后事业发展的重要性。

（二）学生方面的策略

1. 客观全面地认识自我

大学生在进行职业规划时，首先要全面地认识自己，了解自己的各种特点，如基本能力、生活习惯、兴趣爱好、价值观等，要客观地分析自己的优势和劣势，给自己一个科学合理的定位。要做到这一点，可以听听家长、老师和同学的评价。此外，也可以借助职业兴趣和性格测验，认清自己的兴趣和性格。通过分析自己的优势，可以找到发挥自己特长的职业；通过对自己不足的剖析，可以避免从事不适合自己的职业。

2. 增强职业规划的自觉性

大学生要积极主动进行职业规划，不要过度依赖于外界的力量。制定了职业规划后，要有坚强的意志和毅力，不断地勉励自己，持之以恒，加强自我管理，把职业规划真正落到实处。很多研究表明，职业规划越早越对自身的发展有利。大学生从踏进学校的那一天起，就要树立起职业规划的理念，积极主动地规划自己的职业生涯，这样有利于将来职业生涯的发展。

3. 科学合理地规划大学生涯

四年的大学生活，每年都有不同的任务。所以大学生规划四年的学习生涯非常重要。大学一年级要加深对本专业培养目标和就业方向的认识，增强大学生职业规划的自觉性，初步了解将来要从事的职业；大学二年级要了解自身应具备的各种素质，完成自己系统的职业规划，并按具体计划付诸实施；大学三年级要提高简历制作、面试技巧等求职技能训练，培养自己的职业技能，适应将来求职的需要；大学四年级要完成具体的求职过程，并积极到社会上熟悉职场环境，提高适应社会的能力，为走向社会奠定坚实的基础。以上这些举措如果贯穿于学生的整个大学生涯，对学生就业观的形成、增强择业能力和求职技巧是很有帮助的。

4. 积极参加社会实践活动

选择有益的社会实践活动，对大学生职业规划与发展有着潜移默化的影响。在社会实践中学生可以体验社会，熟悉行业，拓宽社会视野，促进与他人的交流，与此同时审视自我，并规划自己的职业发展方向。在社会实践活动中亲身所见、所闻、所感、所思，甚至所悟，都是初出茅庐的大学生在潜意识里赖以依托的职业规划的参照。通过社会实践锻炼，可以使大学生反省自身的不足，及时调整和建构合理的知识结构，使职业规划更加科学化、具体化、标准化，为今后的职场生存奠定良好的基础。

第二章 大学生职业生涯规划教育的历史演变与现状分析

第一节 大学生职业生涯规划教育的历史演变

西方国家的职业生涯教育发端于 19 世纪末叶，已有百年历史，其发源于美、英等国，尤以美国为典型。在以美国为代表的西方国家，经济的迅猛发展加速了职业的分化，随着经济周期波动加剧，失业与就业问题成为全社会关注的焦点，职业生涯教育应运而生并得以繁荣发展。职业生涯教育在美国的发展，最早可以追溯到帕森斯（Frank Parsons）在 20 世纪初提出的以"人职匹配"为核心理念的职业指导运动。20 世纪 50 年代，舒伯提出了"生涯发展"理论，在其影响下，职业指导逐步由一次的感业指导活动向关注个体生涯发展转变。20 世纪 70 年代，在西尼·马兰（Sydney Maland）提出的"生涯教育"理念的影响下，全美爆发了生涯教育改革运动，进而使生涯教育成为普通学校关注的内容。职业生涯教育在美国经过百年的发展，其理念已经渗透到美国的整个教育体系之中，从幼儿园到高校，各级教育机构都十分重视职业生涯教育工作的开展。

流行于欧美国家的职业生涯教育在我国高校中多被称为就业指导。我国的职业生涯理论体系和方法还处于借鉴阶段，本土化建构尚属发物之初，因此，对职业生涯教育的理解也仅停留在帮助学生根据其自身特点搜寻并获取合适职业的过程。我们在借鉴国外高校职业生涯教育模式的同时，不能忽视对其发展历程的研究。西方的职业指导发展到一定的历史阶段后基于对职业指导重构的角度而提出了"生涯教育"的概念。这一概念提出后即成为职业指导的属概念。属概念亦称"上位概念"，与种概念（下位概念）相对，是具有从属关系的两个概念中外延较大的概念。如"工具书"和"词典"这两个概念中，"工具书"的外延较大，是属概念。

此种种属关系的确立过程，蕴含着"如何促进人生涯发展"的思想。自 20 世纪初以来，职业生涯教育理念的发展与演变分为三个主要阶段，即 20 世纪初到 20 世纪 50 年代，职业指导阶段；20 世纪五六十年代，职业指导向生涯辅导转化阶段；20 世纪 70 年代至今，职业生涯教育阶段。

一、20 世纪初到 20 世纪 50 年代：职业指导阶段

职业生涯教育的实践最初是以职业指导的形式出现的，所谓职业指导就是由专门的机构帮助择业者确定职业方向、选择职业、准备就业并谋求职业发展的咨询指导过程。职业指导作为一项重要的社会活动，是西方国家职业发展、职业分化、技术进步而产生一系列社会矛盾后，社会为解决就业问题而做出努力的产物。1908 年，美国波士顿大学教授帕森斯创立了世界上第一个职业指导机构——波士顿地方职业局，其功能类似于今天的职业介绍所，以引导人们接受职业教育与培训，帮助人们选择职业。1909年，帕森斯等人出版了职业指导专著《职业选择》，提出了"职业指导"这一专门用语，标志着职业指导活动的历史性开端。帕森斯提出的"人职匹配"理论开启了职业指导理论的先河，形成了使人的特点与职业要求相匹配的职业指导模式，确立了职业指导在现代社会中的地位，标志着职业指导理论的创立。这些早期的职业指导活动，为职业指导事业的发展奠定了坚实的基础，并使职业指导成为具有组织形态的专业性工作。因而，帕森斯被认为是职业指导的创始者。随后，职业指导在苏联、日本、德国、加拿大等国发展起来，并受到社会各界的重视。

在 1912 年，美国正式成立了"全国职业辅导协会"（National Vocation Guidance Association，简称 NVGA），把教育、就业、生活、社会等内容作为工作范围，规划、组织全国的职业指导活动。当时所指的职业指导，是指导者根据"人职匹配"理论，对在职业选择和决定过程中遇到困难的人实施的指导和活动。伴随着"人职匹配"理论的深入开展，职业指导开始进入学校。1916 年，哈佛大学首次为在校学生开设就业指导课。

20 世纪初的职业指导运动是以心理测量为基础的理性科学。1917 年，心理测试开始应用于职业辅导，并在美国社会获得良好声誉，职业辅导也逐渐被人们接受。随着心理学的发展，心理测试被广泛应用于职业规划辅导中，并成为其必要的一部分。斯特朗（E.K.Strong）的职业兴趣测量表（1927 年）和豪尔（Hall）特殊性向测试（1928 年）的推出，使教育、社会工作和心理测试三者在职业规划辅导中的结合逐步完善。

受帕森斯的影响，职业指导在 1900 年至 1920 年得以广泛开展。1920年后，受杜威进步教育的影响，职业指导在普通学校的地位下降。威廉姆逊（Williamson）于 1932 年创立了"明尼苏达指导学派"，在他的倡导下，

职业指导在大学盛行。他在 1939 年出版了《学生咨询》一书，比较系统地阐述了其职业指导理论，形成了一套独特的辅导方法，具体分为分析、整理、诊断、预测、咨询和追踪六个部分，由于他的方法是直接为咨询者提供明确的职业选择建议的，教导意味浓重，因此又被称为"指导学派随后，霍兰德（John Holland）基于人格与环境交互作用的观点，在"人职匹配"理论的基础上，提出了人格类型与职业类型的匹配模型，将劳动者和职业概括为六种类型，现实型、研究型、艺术型、社会型、企业家型和传统型。为了测量不同的人格，霍兰德编制了职业偏好量表（Vocational Preference Inventory，简称 VPD 和自我导向搜寻量表（Self Directed Search，简称 SDS）两种测量工具，这两种测量工具可以对个体的人格类型做出有效的评估，并且操作方便，实用性强。

这一阶段的贡献主要有两个。首先，提高了对职业指导的重视程度，清楚地意识到人不是生来就能够进行科学的职业选择，而是需要专业人员和社会给予帮助和指导，在充分了解自我及社会职业需求的基础上，做出合适的选择。这种全新的理解方式的转变开辟了一个新的研究领域，为职业指导在全社会范围内的开展奠定了基础。其次，基于理性、科学的方法提出了"人职匹配"理论，使职业指导向科学化、系统化发展。尽管此种方法有不完善之处，但对后续研究具有重要的启示及指导意义。受当时的社会因素的制约，这一阶段的就业指导仍存在许多不足。第一，以静态的眼光看待职业，将职业选择视为一次性的终结的决定。现实情况是，人的职业选择是一种过程性的活动，人的职业观念、职业能力的形成不是一蹴而就的，而是一个漫长的发展和变化的过程。第二，在进行职业指导过程中，过于强调指导者的作用及影响，忽视咨询者的主体地位，虽然被指导者不完全清楚自身特质与职业的匹配程度，但此种教导式的、类似医生为病人开处方似的方法，不利于咨询者对职业的体认，同时影响职业指导效果的提高。第三，对于心理测量工具的依赖程度较高，在职业指导过程中，更多是考虑个体心理因素的影响，忽略了社会、经济等外部环境对个体职业选择过程中的制约和影响。

二、20 世纪五六十年代：职业指导向生涯辅导的转化阶段

20 世纪 50 年代开始，职业指导经历了两次重大转变：一是使职业指导从静态的单一的时间点的职业选择中跳出来，转而注意到社会学、经济学等学科对这个领域可能的影响，并将职业行为置于人类发展的架构中加以

研究。二是职业指导向生涯辅导的转变，即由教导式的职业指导方式向更加人性化、强调发挥咨询者作用的生涯辅导。这一时期的职业指导不再强调某一时间为求职者提供信息，也不强调人与事简单的谋和，而是重视职业辅导的心理特质，将过去一直被分开的个人与职业两个层面，综合成有机的整体。

金兹伯格（Ginzberg）是职业生涯发展理论的早期代表人物之一，也是职业生涯发展理论的先驱。他于 1951 年提出了一种全新的、心理学的职业生涯发展理论，这种理论突破了处于静止状态的"特质因素"理论。职业生涯发展理论认为对职业生涯的开发是个体终其一生的过程，同时，在职业生涯选择过程中充满了不确定性，并且个体在做出重要生涯决策后，绝大多数是不可逆转的。他的研究重点是，从童年到成年早期的成熟过程中，个体在不同关键时期与职业选择有关的想法和行动。

基于上述研究，金兹伯格将职业选择分为幻想期、尝试期和现实期三个阶段。

幻想期（11 岁以前）：这个时期中，儿童的职业期望是由兴趣决定的，并不考虑自己的能力和社会条件。

探索期（11~17 岁）：在这个时期，年轻人开始有规律地扩大对自己职业选择因素的考虑，不仅注意自己的职业兴趣，而且能够较客观地认识自己的能力和价值观，并意识到职业角色的社会意义。

实现期（17 岁以后）：这一阶段是个体基于现实做出选择的阶段。金兹伯格的理论更多研究个体职业生涯发展的早期阶段，没有从整体上研究个体生涯历程。因此，其理论没有舒伯的理论影响大。

舒伯在总结前人经验的基础上，基于多年来对职业生涯的发展规律、心理测评的研究，在其《职业生涯心理学》一书中首次提出职业生涯的概念，并将个体生涯划分为成长、探索、建立、维持和衰退五个阶段，并以此为基础建构了他的职业生涯发展理论。通过对"特质因素"理论、发展心理学以及个人结构理论的研究，舒伯详尽阐述了其对于自我认知理论和社会学习理论的观点。舒伯的理论着重于从生命周期角度来考虑职业的发展，他描述了变化的职业任务，并且关注了不同的生命阶段的职业发展状况。他认为职业发展和个人发展是相互作用的，个体通过生活角色和工作角色的共同作用来决定个人的职业发展模式。

20 世纪 60 年代，受心理学领域的影响，职业指导逐步向生涯辅导转变。人本主义心理学家罗杰斯（Rogers）反对当时以教导为主的辅导方式，创立了"当事人中心"的非指导学派（Client Centered Nondirective Approach），其理论的基本假设是：咨询者的个体经验是值得信赖的；由于咨询者本身具备自我认知与问题解决的潜力，因此，治疗者没有直接介入的必要；如果他们真正投入治疗关系中，就能朝向自己制订的关系成长。罗杰斯始终强调咨询者的态度和个人特质、治疗关系的品质，是决定治疗效果的两项决定因素，至于理论与技术的知识则属于次要的问题。理论强调对咨询者的尊重，向传统的、教导式的、以心理测验为主的职业指导模式发起了挑战。

如前所述，在生涯发展理论和心理学研究的影响下，职业指导逐步向生涯辅导转变，这一阶段的主要特点为：

第一，动态发展的择业观取代了一次性终结的择业观，由注重最初的职业选择向注重终身生涯发展过渡，这使得职业理论更加符合时代的发展变化，从而满足个体的实际需要。对个体而言，规划了一种职业生涯，就是规划了一种人生状态。加速变革的社会环境唤醒了人们的职业意识，催生了人们对职业生涯管理的需求。与之前从事稳定的职业相比，人们的择业观念、就业方式、职业发展路径、职业成功标准都有了很大变化。

第二，注重对生涯发展阶段的研究。持生涯发展观的学者都认为个人的职业心理在孩童时代就开始逐步产生，随着年龄的增长、受教育程度的提高、经验的积累和社会环境的变化，人们的职业心理也会发生变化。职业生涯的发展常常伴随着年龄的增长而变化，尽管每个人从事的具体职业各不相同，但在相同的年龄阶段往往表现出大致相同的职业特征、职业需求和职业发展任务，据此可将一个人的职业生涯划分为不同的阶段。认识职业生涯发展的不同阶段有哪些任务和发展趋势，可以帮助个人更有效地管理自己的职业生涯。对个体职业生涯进行阶段性的划分，使人们更加深入地了解职业发展的影响因素、发展过程和阶段特点，从而进行科学的职业辅导。第三，强调咨询者的主体性地位。人是职业的主体，在做出生涯决策与规划自我人生的过程中，不能忽视个体的主观能动作用。以咨询者为中心的职业辅导克服了传统职业指导的弊端，实现了由"授人以鱼"向"授人以渔"的转变。

三、20 世纪 70 年代至今：职业生涯教育阶段

"生涯教育"一词的正式提出是在 1970 年，当时美国联邦教育委员会委员艾伦（James Allen）基于一项教育期望的调查结果，提出教育目标应转变为"工作导向"。在这之后不久，美国联邦教育总署署长马兰（Sydeny

P.Marland）开始大力倡导这一理念，从而掀起一场以"生涯教育"为旗号的教育改革浪潮。①

20世纪70年代以来，社会改革背景下，人们对个体职业能力及职业素养提出了更高的要求，与之相对的是雇主们不停地抱怨教育不能培养他们所需要的人才，同时，居高不下的青年失业率、学生低落的学习动机也使决策者们忧心忡忡。"生涯"对于人的发展的综合性关注，对于教育与工作之间相互沟通整合的强调，使其成为教育改革的核心理念。生涯教育的首倡者马兰认为，所有的教育都应该是生涯教育，教育应以学生的未来工作为导向和核心，为每个个体拓展生涯选择的机会，做好继续升学或参与职业活动的准备。美国工艺教育学会在1973年发表的一份报告中指出：生涯教育是整体的教育计划，它包含了学校课程中的每一项训练。也就是说，生涯教育提供的是整体累进的经验，有助于每一位学生获得适当的生涯决策能力和工作生活所需要的技能。它是为所有的学生设计的，是每一个个体的终身教育。生涯教育能够让学生清楚地认识到未来生涯的重心，塑造个人独特的生活模式。

生涯教育包括下面的内容：

第一，生涯教育不只是对学习职业课程的部分学生而言，而是作为所有学生学习课程的各个组成部分。

第二，生涯教育应当贯穿于小学一年级到高中以上程度的所有年级中。

第三，中学毕业生，即使是中途退学者，也要使他们掌握必要的赖以生活的各种技能。由此可见，生涯教育并不是特殊的职业教育或职业指导，而是一种全新的生涯教育理念，企图把职业教育与普通教育融为一体，贯穿于个人一生的全过程。

20世纪90年代以来，整合职业教育和普通教育的理念逐渐成为各国教育发展的主题之一。在职普教育趋于整合的国际背景下，一些国家开展了"从学校到生涯"（School to Career，STC）运动，逐渐形成了"从学校到生涯"的职业教育理念。早在1916年，杜威就在其名著《民主主义与教育》中提出，要改变传统教育观念，不要把传授技艺的职业教育与传承文化修养的普通教育对立起来。STC理念在内涵上与杜威的职业教育思想、生涯教育思想一脉相承。STC理念提倡为学生从学校到生涯的过渡做准备，首先，加强普通教育，使学习者学会学习，获得一种持续学习的能力；其次，

---

① K.B.Hoyt.CareerEducationandCareerGuidance[J].JournalofCareerEducation.1984（10）.

面向"职业群"制定技能标准，使学生接受建立在较为宽泛的职业基础上的职业技术教育与培训；最后，在工作过程中不断学习，不断接受技能更新培训，培养对工作、技能变化的适应能力，从而将劳动力的适应能力建立在更加坚固的学术学习基础上。STC 理念始终坚持的一个观点是：为了应对技术、技能的不断变化，唯一的解决方法是终身学习，适应不断变化的环境。

如上所述，这一阶段生涯教育理论发展的主要贡献有：

第一，注重人的主体价值和主动选择。生涯教育理念的提出实现了关注重心从物到人的转变，改变了过去职业指导中人被抽象化和类型化为被动的客体的局面，改变了职业指导教育的外部指向性，强调对人的主体价值的尊重，强调认识和发掘职业及其他角色对于人的内在意义，强调人的学习、发展意愿和动机的重要性，强调人在自己生命发展中的自主选择，强调教育应该给个体提供更多的生涯选择自由，包括知识、技能和态度诸方面的条件。

第二，贯通教育与工作，关注人一生的发展历程。生涯教育理念持一种动态发展的观点，教育、培训、就业、转业、职业发展被纳入一个整合的"生涯任务"框架中，所有的生涯任务最终都落实在一个一以贯之的生涯目标之下，实现了教育与工作之间的互通。

第三，打破割裂，以整体的观点来看待人的发展。在社会中，每个人都需要扮演多重的社会角色，也拥有多重的生活层面。生涯教育理念承认职业角色和职业生活在人的生命中所占有的重要地位，通常将其作为生涯发展的主轴，同时又强调不能将它们抽离出来孤立地对待，而是要站在人是一个整体的立场上，综合审视多重生活角色的作用以及它们之间的相互冲突与协调，并在此基础上获得对包括工作在内的生命意义的内化主体认识。

第二节　大学生职业生涯规划教育的现状与问题

一、职业生涯规划教育的现状

(一) 国外大学生职业生涯规划教育的现状

职业生涯规划教育在国外发达国家经过一百多年的发展，已经形成较为完备的教育体系，在以美国、德国、日本和加拿大等为代表的国家得到了广泛的开展，职业生涯规划教育已成为国家人才培养的重要内容之一。

1. 生涯辅导全程化

美国、德国、日本等国家在教学计划安排中，职业生涯规划教育工作目标明确、重点突出，已形成了一套完整的教育体系，教育对象不仅仅针对毕业生，而是全体学生。职业生涯规划教育不仅仅在毕业前夕进行，而是贯穿整个大学的教育过程。教育工作内容主要包括以职业心理测试与咨询等方式开展的自我认识指导、以提高就业能力和应聘技巧为目的的团体训练和讲座和以增强职业适应性为目的的社会实践活动等。

以美国为例，美国政府于 20 世纪 70 年代底实施了"职业生涯教育"的拨款计划，将普通教育与职业教育结合起来，在普通教育中开设职业预备课程，其目的是为所有学生提供职业准备，以适应知识化、全球化背景下的美国社会。对大一新生，学校就业服务部门就会通过职业测试等方法帮助学生对自身的性格、兴趣、能力等进行全面评价，使学生在自我评价的基础上进行专业和职业定向，指导其规划自己的大学生活。对于大二、大三的学生，学校侧重于让学生开展职业调查、职业能力开发等活动，了解市场需求；组织学生参加各类社会实践活动，搜集职位信息；指导学生进行职位分析，有计划的学习相关的职业技能；培养学生独立思考和自学能力，提高自身的综合素质。对于大四的学生学校更注重职前技能培训，引导学生广泛搜集就业资料和信息，主动把握机会，积极参加面试，更好适应社会，同时对其进行职业道德教育，培养他们虚心学习、敬业奉献的精神，做好角色转变准备。教育的方式有个案咨询、团体辅导咨询、指导课、模拟及实践活动，音像教学等，形成毕业辅导和日常规划相结合，教学与社会实践相结合，注重个性发展和自由选择职业方向，注重知识培养，更注重社会适应能力的培养。

日本于 20 世纪 90 年代初期制定了《关于完善终身学习推进体制的法律》，拟定大学生生涯辅导不仅针对在校生，而且将其延伸至毕业后，国家公共就业保障办公室对毕业后未找到工作的大学生一律登记，为他们提供就业相关的服务工作，包括职业测评、职业咨询、就业指导、信息提供等。

2. 指导队伍专业化

当前，发达国家的职业生涯教育的工作人员呈现出了专业化、职业化、高学历等特点。以美国为例，教师只有注册生涯辅导师才能上岗，而且美国各高校就业指导人员职责分工明确，机构设有主任、就业顾问、就业主管、对外联络员等。高校中就业指导人员与大学生配备的比例约为 1∶200，以便每个学生都能获得充分的职业指导。在美国高校就业指导队伍中，从学历上看，中心主任一般要求具有咨询学、高等教育学硕士或博士学位；就业顾问一般须具备心理学硕士或博士学位；专职工作人员也应获得辅导学、咨询学等硕士学位；其他工作人员一般要具有学士学位。

3. 服务体系规范化

国外发达国家对大学生就业指导和职业发展等相关问题研究较早，摸索出了一套较为成熟的就业服务体系。以美国为例，美国大学生的就业服务体系包括政府、高校、雇主及中介机构，以构建"市场就业制度"或"自由就业制度"为基础，建立了一套完善而高效的大学生就业指导体系，各个参与主体各司其职，为大学生提供内容全面、形式新颖、方法先进的就业指导和服务。在这个体系中，政府主要负责总协调作用，通过调查研究，制定相应的法律法规。如美国在众多劳动就业法的基础上，通过了《学校与就业机会法》，把让学生具备必要的知识、技能以及今后学习和在生产部门所必需的工作经验作为学校教育的一项主要工作，保障了就业工作的顺利开展，同时建立全国性的就业指导和服务网络，为大学生和用人单位双方提供交流平台。美国高校一般都设有毕业生就业指导中心，工作主要分为职业指导和就业服务，前者工作重点是推行学生职业规划项目，后者主要积极为毕业生提供实习、就业等服务，而且各高校的职业辅导机构在大学中处于重要地位，经费投入比较大。中介机构则在学生与雇主、高校与雇主之间穿针引线，发挥着桥梁和纽带作用。

德国依靠市场机制进行运作，相互补充，形成了独具自身特色的就业服务体系，这一服务体系的基本功能是咨询、培训、介绍与指导，政府、企业、学校、私人咨询介绍所和学生构成了这一服务体系的主体。在这一体系中，政府的功能是信息搜集、网络服务、职业培训；企业直接或间接承担求职者的实习与培训；各高校注重对学生就业咨询服务，各学校设置了不同的专门机构，人员编制和经费投入能够有效保障，主要运作方式是针对学生素质缺陷等，进行系统培训。

4. 教育与实践相紧密结合

大学职业生涯规划教育最终目的是为了帮助学生更好地适应社会，所以发达国家的职业生涯规划教育注重学生社会实践能力和社会适应性的培养。在美国，各学校都有与很多较好的企业、机构建立合作关系，通过组织学生实习，促使学生更多地了解社会、单位、工作，也为雇主与学生提供了一个相互选择的机会。在加拿大，高校学生的工作实习主要是为了进行工作探索，各高校都有专门机构进行负责，学生参加工作实习，一方面探索个人对职业的适应能力，另一方面为就业作铺垫。同时，学校对实习学生进行跟踪考察，根据考察情况和雇主的鉴定判定实习是否合格，发放相应的证书，雇主在招人时很看重学生的实习经历和表现。

（二）国内大学生职业生涯规划教育的现状

1. 职业生涯规划教育整体情况

目前我国绝大部分高校对职业生涯规划教育普遍比较重视，但不少学校仍从传统的就业指导入手开展职业生涯规划教育，以就业指导、学业规划教育代替大学生职业生涯规划教育的情况仍然存在。

早在 2002 年，我国部分高校就开始陆续开设职业生涯规划相关课程。这项工作主要由高校学生工作部（处）或教务处负责，主要是以就业指导课为基础，将职业生涯规划教育作为就业指导的一个模块来进行讲授。2007 年 12 月 28 日，教育部办公厅印发《大学生职业发展与就业指导课程教学要求》的通知（教高厅〔2007〕7 号），通知中明确要求"从 2008 年起提倡所有普通高校开设职业发展与就业指导课程，并作为公共课纳入教学计划，贯穿学生从入学到毕业的整个培养过程。现阶段作为高校必修课或选修课开设，经过 3 ~ 5 年的完善后全部过渡到必修课。各高校要依据自身情况制订具体教学计划，分年级设立相应学分，建议本课程安排学时不少于 38 学时。"从此，该课程在高校取得了合法身份。一些高校抓住机遇，进行职业生涯规划教育的大胆探索，取得了较好的成绩。

在课程建设方面，武汉理工大学出版了《职业生涯规划系列丛书》，在职业生涯规划教育方面成绩突出；清华大学开设了"职前教育网络学堂"，是最早进行职业生涯规划网络教学的高校。温州大学开设了《职业生涯规划与体验》一课，主要内容是让学生掌握职业生涯规划的基本理论和参加社团绩效内外活动，同时将亲情、友情等人际关系体验纳入课程实践教学当中。

在教育内容方面，不同地方呈现出不同的特点。长三角地区由于经济比较发达，大学生职业生涯规划教育中的创新创业教育比较有特色。如浙江大学设立了创业基金，帮助更多的大学生自主创业；杭州、宁波等地专门设立大学生创业孵化园区，为大学生创业提供实践及孵化平台；杭州电子科技大学、浙江理工大学等高校都在通过职业生涯规划教育提高大学生的创新创业能力；浙江工业大学建立学生职业生涯规划档案，由职业生涯规划教育专业老师和相关专家共同设计，根据教学安排、培养理念，身心特点等规律，提出了职业生涯规划教育要达到的基本共性目标。

但是，由于高校间的层次、办学规模及办学理念的不同，导致职业生涯规划教育在一些院校开展相对落后。特别是在一些地市级的高校，没有引起学校的足够重视，职业生涯规划教育比较缺乏，没有相关的平台和载体来发展职业生涯规划教育，职业生涯规划教育组织机构缺乏，师资队伍严重不足，职业生涯规划教育的模式也不尽相同。有以传统就业指导代替职业生涯规划的，将职业生涯规划教育的内容作为就业指导教育的一个版块；有以职业教育代替职业生涯规划教育的。有的高校将课堂教学与实践教学结合起来，根据学生的不同年级、不同特点，围绕提升学生的综合素质开展素质拓展、企业参观实习、社会实习实践等教学内容；有的高校则停留在第一课堂层面，注重学生职业生涯规划意识的培养，引导学生规划职业生涯。在课程建设方面，有些学校没有开设《大学生职业生涯规划》课程或作为选修课开设，课时较少，导致了职业生涯规划教育效果非常不明显。

2. 当前教育的主要内容及具体方法

根据大学生不同时期的不同特点，当前高校开展职业生涯规划教育的主要内容按照不同的角度可以划分为以下几个方面。

第一，按不同年级划分。大学一年级，是大学生活的预热阶段，高校职业生涯规划教育的内容侧重于专业和学业规划教育。主要目的是使学生加深对本专业的培养目标和就业方向的认识，增强大学生专业学习的自觉性，培养学生的专业学习目标，并让学生初步了解将来要从事的职业，为将来制定职业目标打下基础。引导学生对自己希望从事的职业与自己所学专业对口的职业有初步的了解，提高人际沟通能力。该阶段的职业生涯规划教育主要以学业教育为主。通过本阶段的教育，使大一新生完成从一个高中生到一个大学生的角色转变，逐渐培养学生的职业生涯规划意识，引导学生开始进行自我探索，为将来的职业发展确定初步的发展方向。二年级是学生逐渐了解专业，适应大学生活的阶段，职业生涯规划教育侧重于学生综合能力的提高，让学生逐步了解自身具备的各种素质，鼓励学生通过参加各项活动锻炼自身的各种能力，通过能力的培养为职业发展打下基础。该阶段主要通过鼓励学生参加兼职工作、社会实践活动，在课余时间从事与自己未来职业或本专业有关的工作、参加学生科研活动等，来提高学生的责任感、主动性和受挫能力。引导学生增强自己的英语能力和计算机应用能力，通过相关证书和资格考试，并开始有选择地辅修其他专业的知识来充实自己。同时检验学生的知识技能，提高其自我管理技能和可迁移技能，引导学生根据自身兴趣、能力和价值观等制定个人的职业生涯规划。三年级是大学生职业生涯的分化确立阶段。职业生涯规划教育在指导学生加强专业学习、准备考研的同时，大部分高校把目标锁定在学生技能提高和创新能力培养方面。通过大学生素质拓展活动等来锻炼学生独立解决问题的能力和创造性，鼓励学生参加与专业有关的暑期社会实践工作，加强同已毕业学生的联系，交流工作心得体会，做好求职择业的各方面准备。本阶段重点是加强学生职业发展教育的灌输和生涯决策能力的培养，通过职业生涯规划教育引导每一位学生都选择合适的职业发展路径，明确职业发展的目标。四年级的大部分学生对未来职业发展的方向都有了初步的规划，职业生涯规划教育过程中一方面是引导学生对前三年的准备进行一下总结，检验已经确立的职业目标是否明确，前三年的准备是否充分；另一方面针对以后的职业发展方向和职业目标，有针对性地对学生进行专项指导。在常规的第一课堂教育的基础上，聘请人力资源方面的专业人士为学生介绍各行业的人才要求，让学生接受择业技巧培训；组织参加招聘活动，让学生在实践中检验自己的积累和准备等。指导学生充分利用学校提供的条件，了解用人单位的资料信息，强化求职技巧、进行模拟面试等训练，尽可能地让学生在准备的比较充分的情况下进行实践演练。帮助学生正确看待职业发展方向，合理调整职业发展路径，做好走向职场的准备。

第二，按职业生涯教育的模块划分。大学生职业生涯规划教育是个连续的过程，也是个系统工程，包括学业规划教育、生活管理教育、职业道德教育、责任意识教育、身心健康教育等，当前的职业生涯规划教育主要围绕这几个方面加以开展。①学业规划教育。学习是学生的天职，是大学生活的主线，也贯穿了大学生活的始终。当今社会是学习型的社会，不懂的怎样学习的人在将来的职业发展过程中将满足不了社会发展对人才的需求，在职业竞争中也无法占据优势。学业规划教育的内容不仅要引导学习专业知识，更重要的是学习逻辑思维能力和继续学习的能力，确立终身学习的理念，不但知道如何获取知识，还应该知道怎样把所学知识转化成能力。很过高校在大一刚入学便开展学业规划教育，同时把理想信念教育、爱国主义教育和思想道德教育等内容融入其中，使学生在学好专业知识的同时，具备良好的思想政治素质，树立正确的学习和职业发展理念，为将来的职业发展打下基础。②生活管理教育。良好的生活习惯对学生的身心、学习和工作都有极大的促进作用。一个积极向上的人，无论是在日常生活还是事业上，都会有一个好的发展。因为他懂得如何积极进取，改善自己所处的不良环境。这样的学生会把生活态度严谨、勤奋学习、努力工作、节约时间等优秀品质当作日常的行为习惯来培养。相反一个不思进取的人，习惯于不劳而获的生活，当坏的习惯积累成恶性循环时，他的人生自然也不会有什么起色。生活管理教育是当前高校开展职业生涯规划教育的一个重要方面，对于刚刚步入成年的学子来说，大学给他们提供了宽松的学习和生活环境，如果不能提前规划和约束自我，势必会养成一些不良的生活习惯，通过教育引导学生合理利用时间，通过合理规划职业目标来恰当的分配时间，使大学生活变得更有意义和价值。③职业道德教育。职业道德是从事不同职业的人们在特定的职业活动中应遵循的职业行为规范，是社会道德要求在不同职业活动中的具体表现。通过加强职业道德教育，提高学生学习职业道德理论的主动性，提高职业道德认识，通过学习和职业活动的体验，使职业道德认知不断从感性上升为理性认识，从而树立正确的职业道德观念，提高职业道德行为选择的能力。同时注重不断提高学生的职业道德意志的锻炼，使学生树立在履行职业道德义务的过程中克服困难和不怕艰苦的精神，锻炼其做出正确职业选择的毅力，磨炼职业道德意志品质，以便在将来的职业发展过程中身体力行，养成良好的职业道德习惯。④责任意识教育。无论将来从事什么职业，只要能认真勇敢地承担起责任，就会赢得别人的尊重和敬意。在职业发展过程中，每个人所扮演的角色都是不一样的，每一种角色都担负着不同的责任，从某种程度上说，对角色饰演的最大成功就是对责任的完成。对于刚刚走向工作岗位的大学生来讲，要想有所作为，首要的就是干好自己的第一份工作，处境的改变、理想的实现和事业的成功，很多时候不在于做的是什么，而在于工作做得怎么样。当前，高校都大力开展责任意识教育，使学生在明确了职业发展方向，确定了职业目标之后，逐渐锻炼自身的工作责任意识，为将来顺利迎接第一份工作打好基础。⑤身心健康教育。身体是革命的本钱，是文化产生的源泉和智慧的依托。2021 年，体育总局关于印发《"十四五"体育发展规划》，指出。落实立德树人根本任务，推动高等体育院校特色发展、内涵式发展，搭建高等体育院校教学、训练、科研、竞赛等方面的交流合作平台，着力推动建设具有中国特色的世界一流体育大学和一流体育学科。加强高等体育院校科技创新工作，推进产学研一体化发展。推进高等体育院校与全国性单项体育协会协同创新。引导和支持高等体育院校培养更多具有创新精神和创业能力、行业急需的体育人才。大学生肩负着国家繁荣昌盛的重任，是国家人才强国战略有效实施的重要保障，因此大学生的身心健康教育一直是高校开展职业生涯规划教育的一个重要方面。在职业生涯规划教育过程中，要让学生意识到身心健康的重要性，提高健康知识水平，养成良好的锻炼习惯；同时要加强心理健康教育，让学生学会压力管理，增强抗挫能力，最终达到身心健康的目的。

第三，按照职业生涯规划教育的步骤划分。有些高校按照职业生涯规划的步骤，将职业生涯规划教育分为自我认知、环境认知、职业生涯决策和职业生涯管理等四个方面。其中自我认知是让大学生做到"知己"，正确认识自己的性格、兴趣、能力、价值观等各方面的情况；环境认知主要是分析各种环境因素对自己职业生涯发展的影响，使其在制定个人的职业生涯规划时能够根据环境的变化情况及时调整职业发展路径，做到趋利避害，使职业生涯规划更有实际意义；职业生涯决策就是让大学生在大学期间完成对所处环境的探索，对职业的探索和初期定位，能够将自己的学习境况与将来职业进行联系，确定将来的职业发展路径并进行合理评估；职业生涯管理就是教会学生学会如何进行职业生涯规划，动态调整自己的职业生涯规划，并努力通过实际行动实践职业生涯规划目标。一般而言，自我认知最好能在大一阶段完成，环境认知、职业生涯决策及管理一般在大二至大四阶段实施。

从教育的具体方法来讲，当前国内职业生涯规划教育主要以第一课堂教育为主，以第二课堂和第三课堂辅助的方式进行，部分高校在教育方法上进行了有益的探索。

第一，课堂教学与专家讲座相结合。大部分高校通过开设大学生职业生涯规划理论课，使学生通过课堂教学了解大学生涯规划的理论，发挥课堂教学的主渠道作用，将职业规划和就业指导课相结合，让学生学会如何更好地进行职业生涯规划；在开设职业生涯课程的基础上，引导学生根据自己的兴趣爱好和各种社会需求选择学习职业生涯规划教育相关的辅修课程，推动学生树立自主学习的意识。结合学生在大学生涯规划过程中遇到的问题，开设了各类大学生职业生涯规划的专题讲座，丰富了大学生涯规划课程体系，或者是按照不同年级的特点和特殊群体（如女大学生群体、经济困难生群体、考研和考公务员等群体）的特点，提供专题讲座，帮助这些特殊群体根据他们的特点和需求更好地规划大学生涯。

第二，理论教学与实践教学相结合。在坚持理论教育的基础上，重视实践教学，在学生掌握大学生职业生涯规划理论知识的基础上，引导学生利用节假日和寒暑假开展有计划、有目的的专业实践、社会调查、企业参观实习等实践活动。通过实践教学让学生进行体验式学习，一方面提高了学生的社会适应能力，将所学习的理论知识和社会实践结合起来，另一方面培养了学生的职业素养，使学生根据自己的实践经验对职业生涯规划进行有针对性的调整。高校通过加强校外实习、实践基地建设，为开展实践教学创造良好的条件，使学生在社会环境中熟悉职业世界，正确看待各种社会现象，有助于学生运用所学知识解决实际问题，巩固所学知识，拓宽知识面，提高各种能力，避免其大学生涯规划与现实社会需求脱离。

第三，职业生涯咨询与心理咨询相结合。职业生涯咨询是开展大学生职业生涯规划教育的一部分，在指导学生更好地进行大学生涯规划方面具有重要的作用。通过调查笔者发现，目前大部分高校职业生涯教育师资队伍不太健全，还没有专门的职业生涯咨询老师。仅有个别开展职业生涯规划教育较早的高校中配备了专职的咨询老师。大部分高校是将职业生涯咨询和心理咨询结合起来，依托学校心理咨询中心解决大学生在职业生涯发展过程中碰到的各类问题。

第四，职业发展档案与愿景模型相结合。职业发展档案是部分高校在开展职业生涯规划教育过程中的有益探索，主要是指在开展职业生涯规划教育的过程中建立学生个人的职业生涯发展档案，以便帮助学生合理设计职业生涯发展道路。职业发展档案的主要内容包括个人基本情况、现在的行为情况以及未来的发展情况等几个方面。个人基本情况包括学生的院系、专业、年级、兴趣爱好、技能特长、文化教育程度、曾接受过的培训、社会实践经历等几个方面；现在的行为情况主要是了解并记录学生目前的工作、学习和生活状况，定期加以修正和调整，使学生对当前的学习状态有一个清晰的认识，从而合理的调整时间分配，提高工作和学习效率；未来的发展主要是引导学生设定未来的职业发展目标，探索未来职业所需要的能力、知识以及为了达到目标应该拥有的新技术、技巧、能力和经验等。通过建立职业发展档案，使学生更加清晰的认识自身情况，根据目前状况有针对性地制定发展行动计划，同时定期加以对照调整，看看执行的情况如何，客观上督促学生进行职业生涯规划，提高了职业生涯规划教育的实效性和针对性。

个人愿景是发自个人内心的、一个人真正最关心的、一生最热切渴望达成的事情，它是一个特定的结果，一种期望的未来或意象。当你为一个自己认为至高无上的目标献出无限心力的时候，它就会变成一种自然的、发自内心的强大力量。愿景有多个方面，有物质上的欲望，也有有关个人健康、自由方面的欲望，还有对社会贡献方面，对某领域知识的贡献等，所有这些，都可以成为人们心中真正愿望的一部分。每个人都有自己的愿景，但在很多情况下，人们对自己的愿景往往是模糊的，或者是误解的，这样就会造成行动的盲目。在职业生涯规划过程中，高校通过引导学生进行生涯教育，让学生想象走入职场若干年后的情景，指导学生分析个人愿景，检验并弄清楚愿景背后所反映的个人特质，从而使学生合理定位，制定正确的职业生涯发展规划。

（二）职业生涯规划方面

1. 职业生涯规划缺乏主动性

大学生是职业生涯规划教育的主体，开展职业生涯规划教育必须立足于学生自身，通过全面的自我认知找出适合自己发展的职业道路，因此在职业生涯规划过程中，大学生的主体作用不可忽视。但在目前的职业生涯规划教育现状下，虽然大部分学生对职业生涯规划有了一定的了解，职业生涯规划的氛围已经形成，职业生涯规划理念得到了一定程度的传播，但是大部分学生在应用上尚缺乏主动规划的意识，不能主动地进行职业生涯规划，在具体实施过程中也缺乏对个人职业生涯的整体规划和调整。大部分学生对职业生涯规划是有一定解，但实际将职业生涯规划付诸实践的却很少。传统的职业生涯规划教育背景下，大部分高校仅是注重学生的学业教育，而对于职业生涯规划教育尚未提升到一个更高的水平，没有针对性的对学生开展自我认知、职业认知、生涯规划等教育，再加上绝大多数学生没有实际求职或社会实践经历，只是在校期间参与学校组织的一些勤工俭学活动、短期的社会实践或校外的兼职活动等，对就业形势的严峻性估计不够，对未来的择业和就业存在盲目性，缺乏竞争意识和紧迫感。这样，由于主观认识不够、客观上教育效果有限，学生的职业生涯规划意识相对较弱。

2. 生涯规划与行动路径脱节

当前的职业生涯规划教育注重学生意识和理念的引导，而对于职业生涯规划的路径实施重视相对不足。通过近几年的教育，大部分学生已具备职业生涯规划的意识，根据自身情况，初步制定了职业生涯规划，但学校在后期教育的引导过程中，没有注重规划本身和行动路径的统一，没有对学生实施路径的指导，导致学生的职业生涯规划与行动脱节，不利于学生生涯目标的考核和调整。虽然部分学生进行过职业生涯规划，但这些学生同时表示职业目标总在变化，而真正付诸实施的学生比例则更小。很多高校每年都举行职业生涯规划大赛，但往往流于形式，前期宣传不到位，参与学生面不广；另一方面即使最终选拔出了一部分职业生涯规划做得比较好的学生，但缺乏对实施路径的跟踪，没有实践的机会和条件，致使学生的规划停留在书面上，使职业生涯规划束之高阁，一定程度上打击了学生进行职业生涯规划的积极性和主动性。而实际上，规划不是一成不变的，要随着自我认知的深入和外部环境的变化不断地加以调整，只有在实践中才能检验规划的正确性和适合度，时间是检验真理的唯一标准。如果学生缺乏职业规划的实施，就不能够有针对性地对设定的职业目标以及实施路径加以调整，导致职业生涯规划的偏离，出现规划和实际不相符合的情况。

（三）生活管理方面

1. 不能进行有效的时间管理

尽管大学生活内容丰富多彩，但有一半的学生不知道如何有效利用闲暇时间，把大部分时间浪费在上网玩游戏和闲逛上，处在盲目的、放任自流的状态。大学生全年在校学习时间一般为 20 周，去除节假日，有效学习时间为 200 天左右，而学生用于上课的时间也只是在校时间的一部分，因此，在大学生职业生涯规划教育过程中，加强大学生的生活管理教育有着重要的作用。

2. 学生的心理健康教育有待加强

每次生活环境的改变都有一个从不适应到逐渐适应的过程。人的适应能力与自身的生活能力有关，并受到性格和智慧的影响。一般而言，在当代的在校大学生中，不适应问题在大一的新生中表现得尤其明显。大学生第一次离开父母来到一个陌生的城市、陌生的环境和一群陌生的同龄人生活在一起，心理上会发生强烈震荡。大学生活不适应问题是大学生心理问题中一个不容忽视的问题，可以说，大学生的其他很多心理问题也是因为一开始适应问题没解决好而引起的，这应该引起高校教育的足够重视。从人的本质上来看，人是一种"社会性生物"，人要想在社会上获得生存与发展，就必须处理好人与人之间这种复杂的关系。尤其是对大学生而言，在集体环境中，更要学习如何处理好人际关系。在与他人相处时，如果与周围人关系融洽，心情就会舒畅，关系冷淡或紧张，就会心烦意乱。大学生的人际关系是多方面的，如果处理不好，心理上就会产生孤独，情绪上自然低沉压抑。在学习生活中，有些学生遇到竞选失败，奖学金没评上，学习成绩不理想、压力大，跟不上学校培养计划和教学进度，等等各种问题，这也是大学生会经常遇到的问题，如不采取正确的方法和解决措施，同样会引起很多心理健康问题。

二、职业生涯规划教育存在问题的原因分析

（一）教育意识薄弱

虽然大部分高校都开设了职业生涯规划教育的相关课程，但实际上，很多高校并没有把学生的职业生涯规划教育工作放在一个很高的地位。学校工作关注更多的是招生和培养，对学生的就业质量及将来的职业发展关注不够，同时对职业生涯规划教育的认识相对不足，没有意识到职业生涯教育是专业性很强的领域，因此在政策、资金、人员的投入上较少，更谈不上职业发展教育的科研了。部分高校关注最多的还是就业率，认为只要学生的就业率高就实现了高校教育的目的，对学生的就业质量和未来的职业发展缺少关注，对于学生的工作是否符合学生的个性和特长，是否充分发挥了学生的能力不加重视，以至于高校的职业生涯规划教育工作存在很多问题，培养出来的学生在未来的职业发展道路上也出现很多问题。部分高校在职业生涯规划教育理念上还存在一些误区，将就业教育等同于职业生涯规划教育，以传统的就业指导教育代替职业生涯规划教育，教学内容仍以就业指导、就业形势分析、就业准备及职场适应为主，主要是针对学生就业的应急性指导，对学生的职业选择及未来的职业发展作用不大。很多高校职业生涯规划教育的内容还停留在如何撰写简历、如何应对笔试和面试等应对技巧的讲授上，而对于学生如何正确地合理定位、树立正确的世界观、人生观、价值观和职业观，培养学生的职业规划的能力、有针对性的提升自我素养、根据职业目标发展过程中的偏差进行调整、应对各种职业变动等方面涉及较少，导致职业意识和生涯规划的欠缺。

（二）教育组织机构不健全

大学生职业生涯规划教育机构是实施职业生涯规划教育的主导者和引领者。但是，目前我国大部分高校主要是依托传统的就业指导部门或学工部（处）来开展职业生涯规划教育，并没有成立专门的职业生涯规划教育机构，即使有的高校成立了职业生涯规划教育机构，其机构人员配备也严重不足。高校作为大学生职业生涯规划教育的主导者，教育工作的开展离不开一支专业的高素质的师资队伍，但目前现状是，职业生涯规划教育工作一般是由做学生工作的辅导员老师来从事，从事职业生涯规划教育的专职教师和学生数量比例差距较大，其工作效果可想而知。由于缺少专业指导老师，目前从事职业生涯规划教育的人员大多是半路出家，职业生涯规划教育大多停留在思想政治教育或者励志教育的层面，无论从理论知识、助人技能、理念等各个方面可以说都是相当缺乏的，导致职业生涯规划教育的科学性不够，针对性不强，很难对大学生进行职业规划、职业测评、职业辅导等专业性强的工作，在开展职业生涯规划教育过程中这些老师感到力不从心。同时，目前多数高校没有设置独立的职业生涯规划教学单位，导致职业生涯规划教学管理机制缺乏柔性，很难满足学生对职业生涯规划教育的内在需要。再加上职业生涯规划教育机构与校内其他部门的配合不够，造成职业生涯规划教育工作无法全方位的展开。大学生职业生涯规划教育是一项系统工程，需要建立完善的教育机构和一支专业化的教师队伍才能从根本上做好这项工作。

（三）教育课程体系不完善

由于我国的职业生涯规划教育还处于起步阶段，教育理论主要是照搬西方国家，缺乏职业生涯规划教育与中国国情的有效结合。在现实工作中，由于缺乏就业指导与职业生涯规划教育的专业人才，导致大部分高校的职业生涯规划教育工作仅停留在大量的琐事之中，缺乏对职业生涯规划教育的研究，导致实践工作中缺乏有效的理论指导，教育的效率和水平不高。

第一，在课程设置上，职业生涯规划教育的内容零散，形式单一，时间安排不太合理，设置缺乏稳定性，没有形成固定的课程体系。很多学校尚未开设职业生涯规划教育的必修课，即使开设这门课程的，也存在教育内容与就业指导课内或相关专业课内容重复的现象，造成资源的浪费。在职业辅导过程中，随意性较大，缺乏专业有效的个性辅导。没有将职业生涯规划与心理咨询有机地结合起来，使得很多学生在人生选择的最重要阶段出现茫然不知所措的情况，在择业竞争中表现出种种适应不良。

第二，目前我国的职业生涯规划教育仍旧是以继承为中心的传统教育，忽视了学生主动性的发挥和创新精神的培养。由于在中学时代并没有开展职业生涯规划教育，学生在选择大学专业是并未考虑自身的实际情况，绝大多数学生不是根据自己的兴趣、爱好以及对未来的发展方向来选择专业的，而是根据社会上某一阶段对专业人才的需求程度或者是根据父母的意愿来选择的专业，导致学生在进入大学以后，对自己的专业认识不足，出现阶段性的迷茫状况。一部分学生不能适应大学的专业设置和教学安排，不能够合理安排自己的时间，对未来的职业发展路径没有明确的认识，不能对大学四年的学习和生活做出科学合理的安排和规划，没有将学习统一于个人的职业发展当中。学校在教学内容安排上，仅考虑学校的短期利益和经济条件，忽视市场需求及外部环境变化，导致教学内容陈旧，教学方式单一，教学质量整体不高，学生能力和素质与社会脱节等现象。

第三，职业生涯规划教育的反馈调整机制缺乏。大学生正处在对自己、对社会的不断认知之中，自身的人生观、价值观也处于形成时期，加上不可测因素的存在，原来的职业选择、生涯路线以及制定的职业生涯目标可能会与实际情况有所偏差，职业生涯规划要随着时间的推移而进行不断地调整。而事实上，目前的职业生涯规划教育只关注前期的目标设定与路径实施，对于目标实施的进度、质量和存在的问题，没有及时地进行评估与调整，导致职业生涯规划在实际实施过程中产生偏离，职业生涯规划的实效性不佳。

（四）教育缺少实践环节

职业生涯规划一般包括自我认知、外部环境认知、职业目标的设定、职业路径的实施与调整等五个环节。大学生职业生涯规划的有效进行，是建立在对正确的自我认知和科学的外部环境评估基础之上的，外部环境的评估是贯穿大学生职业生涯规划过程中最为重要的一环，而社会实践是了解职业环境的最有效途径。目前，大学生职业生涯规划教育缺少社会实践环节已成为影响职业生涯规划教育顺利开展的重要因素。实践环节的缺失包含两个方面的内容，一是参与社会实践的数量相对较少，大多数学生没有参加社会实践的机会；二是社会实践的质量有待提高。高校在开展职业生涯规划教育过程中，限于主客观条件的原因，没有形成有针对性的、具备一定规模的社会实践形式，大学生对于社会实践的认知度不高、参与性不强，开展社会实践的形式大多停留在校内活动上，职业实践机会缺少。

缺乏对职业环境的认识和了解，导致职业发展方向没有针对性，职业选择容易出现盲目性和依赖性。

（五）对社会支持利用不足

大学生职业生涯规划教育具有很强的社会性，是一项社会系统工程，需要社会各个方面的密切联系，更需要社会力量的支持和积极参与。但是，由于我国大学生的职业生涯规划教育被看作是一时的应急措施，高校更多的是关注学校的短期利益，对招生和专业教学比较重视，但对于学生的综合素质提升和职业的可持续发展关注不够，职业生涯规划教育工作开展缺乏环境支持。仅从家庭层面上看，由于中国传统的家庭教育以灌输为主，学生不能够根据自己的兴趣、爱好等来选择专业及未来的发展方向，主要是根据家庭环境来确定个人的兴趣和价值观，使学生在最初成长的家庭环境里缺乏进行职业生涯规划的启蒙环境。同时，大学生职业生涯规划还受各种环境因素的影响，职业生涯规划教育工作需要政府、企事业单位、社会媒体、家庭等的支持。应当尽快建立大学生职业生涯规划教育的社会支持体系，使学校与社会各方机构通力合作，充分利用社会各界提供的政策、信息、物质、情感等方面支持，共同促进大学生职业生涯规划教育工作的开展。

第三章 职业规划引导下的学业规划教育

学生的职业生涯与学业生涯是人生生涯的两条主线，它们之间交错重叠、盘根错节、互相影响。职业生涯对学业生涯起导向作用，学业生涯对职业生涯起促进作用。大学生的学业生涯对于大部分学生而言，是迈入社会走向工作岗位的最后准备阶段，不同于入职后的培训和进修，对于其今后选择工作岗位和在工作岗位上能否尽快成长为成熟型和骨干型职员具有十分关键的作用。一个人在其成长的过程中，往往是具有阶段性的，尽管无法去准确地预测未来或精确地掌控未来，但是引导大学生在初步的职业生涯规划引导下进行学业生涯设计，具有非同寻常的现实意义。

第一节 学业规划教育的理论依据

一、导师制

导师在职业生涯规划引导下的大学生学业规划辅导中起着重要的作用。通过建立师生间导学体系，有利于在教学中把握学生成长方向、实现师生双向交流、提供多样化学习模式、开发简便交流平台和实施差异化指导。

（一）导师制的提出和由来

在《中国百科大词典》中对导师制的描述是"英国高等学校的一种教学制度。14 世纪开始采用。导师对学生负有教学和辅导的责任。一般每一导师负责指导一名或数名学生。亦有专门负责学生生活、行为指导和咨询的导师"。作为一种教育制度，导师制与学分制、班级制同为三大教育模式，其最大特点是师生关系密切。导师不仅要指导学生的学习，还要指导学生的生活，进行德育，以更好地贯彻全员育人、全过程育人、全方位育人的现代教育理念，适应时代对教育提出的要求和人才培养目标的转变。导师制在师生之间建立了一种"导学"关系，针对学生的个性差异，因材施教，指导学生的思想、学习与生活。

导师制一词最早源于英国牛津大学，在 14 世纪由温切斯特主教和英格兰大法官威廉·威克姆提出的，并在牛津和剑桥率先实行，此后才逐渐推广到了伦敦大学及其他院校。导师主要是学生在道德和经济方面的保护人。本科生的导师称为"Tutor"，研究生的导师称为"Supervisor"，学生每周都要与导师面谈一次，这种谈话被称为"Tutorial"。威廉·威克姆实施导师制的努力标志着制度化的导师制在牛津大学的最初确立。在宗教改革时期，随着牛津大学各学院成为以本科为主的教学机构，导师制在各学院普遍建立起来。在英国，中世纪的教学模式实行的是双轨制教学，即分为上层教育和下层教育，上层社会中的贵族士绅及逐渐形成的中间分级，其子弟多数进入公立学校（Public School）和文法学校（Grammar School），部分学生毕业后可继续到牛津和剑桥两所大学里深造。这些学校门槛很高，一般平民子弟只能进入初级学校。在上层教育中，学生接受的学习在文艺复兴和宗教改革的影响下，教学思想和教学内容开始有所变化，更强调理性和实用性。而学生在接受了所学知识后，在思想上也更为进步。

19 世纪以前，牛津大学的导师都不被认为是学院的正式教师，而只是私人导师：早年的导师制并不是后来常人理解的那种导师和学生之间的授业关系，而是年长的资深学者在行为规范和为人处世方面，引导年轻的学子的一种合作、引导关系。此时的导师教学也只是学院正规教学的补充。导师的主要职责并不在于现代意义上的教学，对学生的指导也不以学生的学业为主，而是向他们灌输和传授经院的教义和教条，涉及道德、经济等多个方面。训练年轻的学生，使他们的礼仪举止、衣着起居都符合经院常规。所有接受传训的学生都是经院教会的成员，学院内所有的研究员都是经院等级阶层中的一分子，而学业的长进则是次要的。真正具有现代意义的牛津大学导师制建立于 19 世纪大学考试制度改革之后，导师制开始成为一种以学院为依托，以本科教学为主旨，以导师个别教学为主要特征的教学制度。

（二）导师制的发展

从导师制在牛津大学开展所取得的成果看，英国的首相中约七成是出自牛津大学的校门，这与它的导师制度是分不开的。在英国的牛津大学和剑桥大学内，导师制是一种富有传统的授课方式，其中心内容就是每周一次（频率也许会因年级、专业和课程而异），导师对学生进行一对一的授课，师生之间就学业做一对一的交流和探讨。师生见面的时间并不长，但是效率和强度都很高。

继牛津大学和剑桥大学之后，世界上许多国家的大学都采用了导师制，但由于经费和人力的限制，众多国家在导师的设置上只是应用在了研究生阶段，本科生导师的设置较少，但是在一些实力雄厚的大学，还是采用了本科生的导师制，比如哈佛大学。哈佛大学在 1823 年首创和实行选课制、学分制后，于1916 年起又实行导师制，1951 年进一步规定每个导师指导学生不得超过 6 人。在哈佛大学，导师不是一种职务或职称，而是一种工作。担任导师工作的不但有年轻教师、研究生，而且也有资深教授。导师的职责主要是在其专业领域以谈话和辅导的方式进行非正式的教学给学生以学业上的指导，这样就减少了学生正式上课的时间，增加了学生主动学习的时间；同时导师还可以通过和学生的非正式接触，在学习态度、价值观念和生活目标等方面对学生施加潜移默化的影响，使哈佛文化感染每一代学子。

1995 年，美国研究型大学本科教育委员会在其报告《重建本科生教育：美国研究型大学发展蓝图》中建议，每个学生都要有一名导师，导师与学生间一对一的关系对学生智力发展会产生最有效的影响，使个人的表现受到观察、纠正、帮助和鼓励。这种形式应该在所有的研究型大学推展开来。

我国导师制的发展最早应该追溯到先秦时期，私学中的教学。我国古代教师对学生的"教"分为两类：一是指导学生"学"，二是指导学生"研究"。孔子是我国教育史上最典型的"导师"，他不仅教学生以学识，还指导学生如何学习和做人。应该说孔子的教学方式是现代"导师制"的萌芽，孔子的"有教无类"的基础是"人之初，性本善"，任何人都有接受教育的权利，这就是把教育推向全民化，打破了先秦"学在官府"只有贵族子弟才可以接受教育的现状。孔子从学生自身出发，根据学生的不同特点、不同特性，采取不同的教学方式，提出了"因材施教"的模式。但是"因材施教"这一说法在孔子当时并未提出，他创造的是一种方法、一种理念，贯穿于日常的教学模式中，也是我国第一个运用该方法的学者。而真正明确提出该说法的是南宋的朱熹，朱熹在概括孔子的教学经验时指出"夫子教人，各因其材"，遂有"因材施教"这一名言。

孔子指导学生，"学而不思则罔，思而不学则殆"的学思并用的思想也突出了指导学生学习的优良传统。他强调在教育与学习的过程中，应该是师生互有助益，教与学是一个双向互动的过程，作为受体的学生在积极思索后做出的反馈，能够进一步促动教师的思考及教学。他不赞成学生对老师一味信从，提倡学生在学习过程中要敢于表达自己的体会和不同意见，这样的学生也是老师的学习对象。他曾对颜回提出批评，"吾与回言终日，不违，如愚"（《论语·为政》），"回也非助我者也，于吾言无所不说"（《论语·先进》），认为颜回单向接受老师知识的状态对于自己的教学没有启发和促动。而对于在学习中能够提出独立见解的弟子则非常激赏，肯定和赞扬他们给予了自己再次学习的机会，可见，孔子并没有把弟子们仅当作学生，而是视为与自己共同修习理想人格的同学。

"教书"之后常跟着"育人"，导师在教书的同时，还需要对学生的品德修为进行培养。先秦的私学大师带领着他们的学生创造了"百家争鸣"的繁荣鼎盛时期，还注重对学生人格的悉心指导：我国古代教育家还为指导学生学习制订了教学计划。《程氏家塾读书分年日程》"是被认定的我国最早的教学计划；宋代大教育家杨辉撰写的《习算纲目》是科技史界公认最早的科技教育教学计划，其中还提出了一套切实有用的数学学习方法。

这种教育的理念和模式在后世中国教育的发展及书院教学中也表现突出，书院的山长即为导师，他们在讲学的同时，指导学生学习和研究，我国许多著名的书院都有丰富的研究成果问世，这不仅是学生的研究成果，而且是导师们自身学识和教育成果的双重结晶。

导师制经过长期的发展和实践，具有以下特点：强调个别指导，因材施教；导师经验丰富，专业水平文化素养高；强调智育的同时，注重德育的言传身教；注重教学中的互动，发挥学生的主动性。本书所倡导的"大学生学业生涯规划教育模式"特别强调借鉴"导师制"的研究成果。

（三）实施"导师制"的重要意义

1．由单一的教学模式转向复合型教育

长期以来，教育的开展都是由教师言传身教。随着现代教育的不断发展，教学手段有所增加和改进，但是也因为教育的普及化，教学趋于正规化，更多教学任务的完成是在课堂上，教师主要承担课堂教学的任务。其教育职能主要体现在进行课堂教学时通过课堂以知识传授为手段，对学生进行情感教育、审美教育、人格教育等。其教育作用虽然很重要，但是毕竟时间有限，而且这种教育是一对多的模式，学生接受程度有限，远不如一对一的导师制发挥的作用明显。中国的传统教育中，如孔子开办私人讲学以来，就十分重视教师的教育功能；汉代以来的私家讲学、宋代以来的书院制度是比较成功的导师制度。

导师制通俗的看法，就是师带徒的模式，师带徒导师制是指为每一位新学生有针对性地指定一位同行导师。导师通过正式与非正式的途径将自己的教学理念、教学经验和育人方法传授给学生。有人说，师带徒授业方式已经失去昔日的作用了，师带徒授业方式是不能适应新的时代环境了吗？回答是否定的。对于学校教师来讲，一般都具有自我成长的需求和内在的动力，这些人性化的需求并不会因为社会的进步和时代的变迁而消失。相反，恰恰是因为时代的进步和开放，马斯洛所谓的最高层次需求——"自我实现"变得愈来愈强烈，对于导师或学生来说，师带徒都是一种学习和成长的好模式。

将学生仅由课堂上学习的时间和机会拓展到了更深更广的领域，老师可以更多地掌握学生的思维动态，教师不仅传授知识，而且在与学生的近距离接触中，以自己的人格魅力感染学生，及时纠正学生成长过程中的人格偏差。由于教师同时也是道德的传授者、示范者，因此，教师本人的道德境界也始终保持在一个较高的程度，使教师成为真正的"人类灵魂的工程师"。

2. 真正实现个别教育、因材施教

受教育者因为其家庭出身、教育背景不同，在学习能力、学习兴趣、情感认知、个性发展等方面都呈现出各自不同的特点。班级制教育实行的是共性教育，无法从每一个学生具体情况出发，制订具体的培养计划，从而最大限度地确保每个学生成才。早在我国春秋时期伟大的教育家孔子就提出了"因材施教"的思想。孔子以后也有学者提出在承认受教育者个体差别的前提下实施个别教育。我国当代高等教育制度建立以后，由于社会成员思想意识的相对统一，集体班级制教育发挥的作用还比较明显，而且当时大学教育的学业、课程计划性极强，和社会需求环环相扣。大学生在完成大学教育后，也没有自主择业的机会，工作岗位稳定。因此，当时因材施教问题还不是十分突出。但是改革开放以后，随着社会思想的日益多元化，尤其是个体差别更加突出，而且大学生在完成大学教育后需自主择业，接受市场和社会的选择，竞争日益激烈。一个人能否取得成功，关键在于他的个性是否和专业技能吻合，当一个人的个性和其选择的专业技能最大限度地协调一致时，就能在今后的发展中取得最大成功。传统的班级教育注重共性，忽视个性，已很难适应这一代学生成才的要求。实行导师制，将原来的班级划分为若干个小单元，甚至分解到个人，导师就可以根

据学生的不同情况，制订与其相适应的成才计划，实施因材施教，进行个别教育，这样就可以使受教育者获得最成功的教育训练，大大增加其人生成功的概率。

3．指导学生合理地组织知识结构

导师引导学生双向交流、团体互动。在有所规划的前提下，导师注重与学生交流并得到反馈。一方面，有利于打开学生的视野，扩大其思维空间，大学生缺少职业生涯的经历，导师的经验和团队的探讨将让学生受益。另一方面，交流和互动是共享资源，尤其是利用导师的资源基础，这样可以把更多有利于学生成长的要素纳入规划模式中来，能较好地运用个别指导法，指导学生合理地组织知识结构。高等教育在对学生传授基本理论、基本知识和基本技能训练的同时，要进行专业定向教育，启迪学生在已学的基础上探求未知，这在高等教育中占有相当重要的地位，也是大学教学法与中学教学法的主要区别之一。

对大学一年级学生所要指导的内容，主要是帮助他们学好各门基础课。要使学生认识到，扎实的基础知识才能为更深入的学习做好准备。到二年级后，有部分课程要选修，一些学生片面追求学分；少数学生则不知道选修什么外系课程，这样往往造成学科分散、庞杂倾向。这时导师应说明必修与选修的性质与区别，选修的意义、目的和原则，然后对学生提出建议，使选修课恰当、适量。现今的高等院校，对基础课和基础专业课，多数是由具有丰富教学经验的教师上大班课。这种形式上课，虽然能收到较好的教学效果，但由于学生人数多，授课教师无法及时了解学生的学习情况，不能按各生的才能和品德差异进行具体指导。实行本科生导师制之后，导师对为数不多的学生情况了如指掌，就可以及时将学生所存在的问题告知授课教师，给予具体指导，这样可解决上大班课的一些弊端。

4．使情感教育获得强化

在传统的班级教育的组织形式中，学生的独立能力及与其他成员的合作能力相对较强。学生之间的合作在班级活动中是主要的，这是这种组织形式的优点，对于成长中的大学生来说也是必需的。但是在这样的集体组织中有一部分相对弱势的学生，其正常成长可能得不到充分保证。集体组织中相对弱势的学生在与人相处、自我表达方面无法获得有效的建议，他们因为自卑的心理，无法在众人面前展现自己，没有自信，总是独自地待在无人的角落，既希望能够得到大家的关注，又害怕在人前暴露。导师制的推行一定程度上是为了纠正学生的行为和心理偏差，使学生在完成大学教育走向社会时，毫无障碍地融入社会。将每个学生置于导师的视野之内，导师可以以自己的人生阅历为参照标尺，对弱势学生进行心理辅导，从而解决其成长过程中存在的问题。导师是学生在父母、朋友之外的第三方情感力量，他的加入可以使学生增加对社会的情感了解，感受社会的情感关怀，从而使学生在情感发展上更加完善。

二、行动学习理论

（一）行动学习理论提出的背景

行动学习（Action Learning）是西方国家导师反思教学中经常采用的一种学习方式。据国际行动学习年会（Annual Conference of the International Foundation for Action Learning）文件，行动学习起源于 1928 年剑桥大学卡文迪许实验室物理学家的"聚会"。当时在卡文迪许实验室的物理学家（有8 名物理学诺贝尔奖获得者）每逢星期三聚集在一起，他们聚在一起不是炫耀他们的聪明才智，而是坦诚公开自己研究中的疑难、困惑，承认自己"无知"和"无能"，看看他人"能否理解我的疑难、困惑"。也就是说，这些科学精英聚在一起不是高谈阔论他们的辉煌业绩，而是讨论工作中的疑难问题，以便能互相帮助、解决问题。1940 年，英国管理学思想家雷吉·雷文斯（Reg Revans）根据这种活动的学习方式首创了行动学习法。1965 年他离开英国到比利时为高级管理人员组织管理培训课程时，首次把这种方法引入管理发展的科学学术领域。20 世纪 70 年代他返回英国，为英国通用电子公司开办了行动学习课程，受到广泛关注。行动学习最大的价值在于可以帮助企业在赚钱的过程中培养人，帮助企业从优秀走向卓越。行动学习不是培训、不是咨询师，是在行动学习专家和咨询专家指导下的团队学习和团队行为改善。

行动学习法是一小组人共同解决组织实际存在的问题的过程和方法。行动学习法关注问题的解决，更关注小组成员的学习发展以及整个组织的进步。行动学习法不仅是学习方法，更是一种思维方式、工作方法、管理工具。

（二）行动学习理论概念的提出

行动学习法的首创者雷吉·雷文斯（Reg Revans）及其思想在英国本土很大程度上没有受到重视，但在近至比利时，远至南非的广大国家却备受推崇。行动学习法的拥护者中包括著名的通用前电气首席执行官杰克·韦尔奇和美国西南航空公司前总裁赫布·凯莱赫（Herb Kelleher），通用电气推行的"成果论培训计划"实际上就是一种行动学习法。

为了说明行动学习法，雷文斯使用了一个简单的方程式，即 $L=P+Q$。行动学习法中的学习（L）是通过把掌握相关专业知识（P）与提出深刻问题能力（Q）相结合来完成的。究其本质，行动学习是建立在对团队成员所积累经验的激发和重新诠释的行为上的。在商业活动中，行动学习体现为经理人们以团队合作的形式解决实际案例中的关键问题。这里所说的团队是由相互平等的成员组成的集体，而不是由某个主要负责人或导师带头组成的委员会。在团队工作过程中，工作的重心将放在互相支持、相互促进和广泛提出问题方面而非简单地各自提出观点。

另一位对行动学习有突出贡献的人是麦克·佩得勒（Mike Pedler），他对行动学习有一个较为完整的阐释："行动学习是一种组织中人员发展的方法，其中，任务是学习的媒介或载体。"行动学习的基本信念是：没有行动就没有学习，没有学习就没有明智的行动。行动学习有三个主要因素：参与者、问题以及分享小组或团队，他们通过相互支持与相互挑战（质疑）取得进步。行动学习意味着自我发展与组织发展的双赢结果，基于问题的行动既解决问题，又改变着解决问题的人。行动学习的成功主要依靠询问，而不是想当然的知识或指导。英国学者伊恩·麦吉尔和利兹·贝蒂指出："行动学习是一个以完成预定的工作为目的，在同事支持下的持续不断地反思与学习过程。"行动学习中，参加者通过解决工作中遇到的实际问题，反思他们自己的经验，相互学习和提高。

（三）行动学习的本质

行动学习包含了一些新的学习理念，提出学会学习是个人发展中最为重要的因素；强调个体经验对学习的意义，不是简单地主张在做（行动）中获得新知识和新能力，而是更关注对以往经验的总结与反思，期望通过对过去事件的理解，强调在掌握知识技能的过程中不仅要能指导、会行动，而且要能从深刻的反思中获得经验提升，使个人通过反思和体验过程获得专业发展。所以，行动学习法是"从做中学""从反思中学"以及"在学习中学会学习"的有机结合。当前，行动学习法正在不断从理论和实践方面得到丰富和发展。

行动学习法的核心要点：需要人们在思想上的根本改变；同时，因为身处其中的学习者可以借此超越思想、行为、信仰的极限，把行为、信仰和价值观统一起来，使个人的行为更具效力。所以，它是塑造企业文化、打造学习型组织和建立知识管理系统的关键。

提出问题和倾听回答是一门日益重要的管理（含营销管理）技巧，行动学习法两者并重。但行动学习理论并不是速效药丸，它需要一个过程，需要人们在思想上的根本改变。行动学习法的本质是通过努力观察人们的实际行动，找出行动的动机和其行动可能产生的结果，从而达到认识自我的目的。

（四）行动学习理论的应用

行动学习法目前在我国主要应用于以下两个方面：一是用于经理人员培训，可以有效克服目前企业培训与实际工作脱节以及培训效果低下的状况，被广泛用于中高层管理者领导技巧和系统解决问题方法的训练；二是用于解决战略与运营问题，可以使企业摆脱单纯依赖外部咨询机构解决问题的方法，高质量地解决企业实际问题。行动学习可以用于处理各类难题，包括触及整个组织不同部门的复杂问题、专家无法改善的问题、未做出决策的问题、组织性而非技术性的问题。

行动学习不仅使参与者学会如何解决直接的问题，还使他们学到了如何学习。除了指导者或建议者不需要专家，个人在行动学习中理解了发展是他们自己责任的同时还建立了一个能够受用一生的过程。而组织在这个过程中也得到了发展，能更有效地应对各种变化。行动学习是一种强调真实的人在真实的时间解决真实问题的过程中进行学习的管理人员开发方法。行动学习的核心理念是反教条主义，并强调管理者在实践中转变心智模式。它注重培养管理人员长期关注问题、深入研究问题以及处理人际关系三方面的能力。生涯规划的缺失，是当今大学生普遍存在的一个问题，本书课题组在有计划和有理论模式的前提下，指导被试成员进行职业性方向的探讨，进行职业生涯和学业生涯的规划，进行对规划的执行，引导成员互动，在互动的过程中解决问题，这本身就是"从做中学""从反思中学"以及"在学习中学会学习"。

（五）行动学习法的相关理论

1. 合作学习

合作学习成功的关键是小组成员具有互补的学习经验和高效的合作方

法。如果小组成员配合默契，其学习效率比个体成员相加要高得多。据美国明尼苏达大学合作学习中心约翰逊兄弟的研究，合作学习有五个关键因素：积极的相互依赖、面对面的促进互动、个体和小组的责任、人际和小组技能、小组自评。这种学习重视参与者的不同生活经验和工作背景，鼓励大家从不同角度看待问题，注重小组成员对小组做出自己的贡献，激励合作。

2. 建构主义理论

建构主义理论的奠基人皮亚杰认为知识是在主、客体相互作用的活动之中建构起来的：①学习者依靠自身建构自己的知识；②新的学习依赖于现有的知识水平；③社会性互动能够促进学习；④有意义的学习发生于真实的任务和情境之中。行动学习是建立在建构主义学习理论思想的基础上的。

3. 成人学习理论

研究表明，成人的工作、经济、地位、家庭、阅历、个体心理倾向等诸多因素都会对他们的学习产生某种程度的影响或者干扰。

心理学家桑代克指出，影响成人学习的主要因素不是智力，而是学习兴趣、动机及身体状况。成人的学习动机取决于学习者的阶层、期望、需要、兴趣、愿望等个人因素和所处的教育环境等外因发生发展的连续反应。费瑟（Feather）认为，人们做事的努力程度一方面是明确自己胜利完成任务后得到的回报有多大价值，另一方面是对胜利完成任务持有多大期望。关于能做和不能做的信念，班杜拉（Bandura）称之为"自我效能感"。确立目标被认为是提升学习者学习动机和自我效能感的重要步骤。

成人的学习特点：①成人已经真正成为学习的操纵者，对自己的学习承担责任，能够自主、自律、自我控制自己的学习过程。②成人往往依据原有的经验来推测和认识新事物。③成人学习注重立即应用，由以学科为中心的学习导向转变为以问题为中心。④成人由于承担着来自社会、职业和家庭等方面的多种压力，难免成为一个功利主义的学习者，带有很强的现实指向性。

三、目标—路径理论

目标—路径理论是由多伦多大学组织行为学教授罗伯特·豪斯（Robet House）最早提出，后经华盛顿大学管理学教授特伦斯·米切尔（Terence R.Mitchell）完善和补充。该理论认为，领导者的工作是帮助下属达到他们的目标，并提供必要的指导和支持以确保各自的目标与群体或组织的总体目标相一致。目标—路径理论强调有效领导者通过明确指明实现工作目标的途径来帮助下属，并为下属清除各项障碍和危险，从而使下属的这一履行更为容易。我们认为，目标—路径理论对于大学生学业规划具有多方面的适用性。

从根源上说，目标—路径理论来源于激励理论的期待学说即期望理论。期待理论认为，个人的态度取决于他的期望值大小（目标效价）以及通过自己努力得到这一期望值的概率高低。与其他领导理论不同，该理论立足于追随者而不是领导，领导的任务就是发挥下属的作用，帮助、支持下属实现目标，所以领导是宏观规划者、目标指引者的身份，而不是任务事项的直接推动者。大学生是其学业生涯规划的践行者、实践者，大学的舞台更多属于大学生自己，大学老师更多的也是指引者、答疑者，这即从角色身份上与目标—路径理论形成契合关系。

大学生学业生涯规划，从本质上说，就是大学生对与其职业目标相关的学业所进行的安排和策划。具体来讲，是指大学生在老师的指导下通过对自身特点（性格特点、能力特点）和未来的社会需要的深入分析和正确认识，并结合现有的可利用资源，确定自己的职业目标，进而确定学业的发展方向，对关于学习过程中学什么、怎么学、什么时候学等一系列问题做出的预先设计和统筹安排。这就决定了大学生学业生涯规划本质上是一个目标性的过程，是一个围绕目标去请教教师，以便集中资源、解决障碍的过程，它与目标—路径理论关于目标实现相吻合，从另一方面决定了目标—路径理论在学业生涯规划中的适用性。

按照豪斯的概括，领导人的职能主要集中于唤起需要和期望、兑现报酬和承诺、提高员工能力、帮助员工寻找路径、排除目标路径障碍、增加员工满足感六个方面。豪斯认为，要实现这种以下属为核心的领导活动，必须考虑员工的个人特质和需要面对的环境因素等具体情况。大学生对学业生涯进行规划的过程中，离不开教师的指导、引导和帮助。教师所起的这些作用与目标—路径理论中对"领导"的职能定位有较高程度的一致性。

从学生的角度看，大学生进行学业规划的时候，保证目标有效性十分关键。所谓目标有效性，简单来讲，就是指制定的目标是可以预见的，并且经过努力后是有一定的实现可能性的。确保目标有效性最重要的一点就是使目标具有阶段性。大学生的学习生涯具有非常明显的阶段性，那么与之相适应，大学生学业规划中制定的目标必然呈现出明显的阶段性。所谓目标的阶段性，实际上就是要在一个总体目标的指引下，把目标细化。总体目标就像灯塔，指引着大学生奋斗前进的方向。但是，为了能够实现这个总体目标，必然需要制定多个阶段性的分目标给予保证。对于一个大学生来讲，制定阶段性的分目标必须紧密联系四个学年的不同特征。

大学阶段的四年，往往被人看作是实现自己职业目标的"四步阶梯"。大学一年级被确定为"试探期"。大学生在试探期的主要任务是认识自己、了解自己，弄清楚我是谁、我想干什么、我能干什么、我应该干什么。在这个时期大学生应该初步了解自己可能面临选择的职业，特别是自己未来所想从事的职业或自己所学专业对口的职业，提高人际沟通能力；然后结合对于职业的了解来分析获得职业的要求以及从事该项职业的要求，结合要求进行学业安排，以便充实自己。大学二年级被称为"定向期"。大学生在定向期应该开始考虑未来是深造还是就业，要检验自己的知识技能，可以开始尝试社会实践活动，从事与自己未来职业或本专业相关的工作。同时，要通过英语和计算机相关证书考试，并开始有选择地辅修其他专业的知识，并要具有坚持性。大学三年级为"发展期""冲刺期"。确定考研的同学要全身心准备，考研的目标看似简单，但事实上要完成这样一个目标需要制订许多个细小的目标和完整的计划；确定就业的要开始提高求职技能、搜集用人信息。大学四年级为"分化期""实现期"：在这个时期就可以检验自己确立的职业目标是否明确，前三年的准备是否已经充分；这一时期事实上是阶段性目标的收尾期，经过分化期的检验，基本上能够确定整个学业规划目标的实现程度。

确保目标有效性的另一重点因素就是目标的具体性。所谓确立具体化的目标，就是针对大学四年的不同阶段必须制定出明确的、实在的目标。具体来讲，就是制定出的目标必须是可以调整的和可以检验的。比如有的大学生给自己定了一个目标：提高英语水平。那么究竟他现在的英语水平怎么样？怎么样才叫提高了？提高多少才是达到目标了？如何检验他是真的提高了？一个具体的目标必须是非常明确的，也是可以检验的。

第二节 学业规划教育的过程与环节

大学生学业规划教师是通过教育帮助大学生，在自我认识和了解社会的基础上，确立学业目标，开展实现学业目标的活动，制定大学学习和发展的总体目标及阶段目标，并进行执行、评估、反馈和调整的过程。

一、学业规划介绍

（一）在认识自我的基础上进行职业性向的初步确定

所谓"知己知彼，百战不殆"，无论是明晰职业生涯规划引导的思路，还是统合学习生涯的成长过程，要做的第一步都是认识自己。我们可以从几位生涯规划和职业指导经典理论的提出者的相关阐述上来看认识自我在规划中的地位。职业—人匹配理论的提出者弗兰克·帕森斯（Frank Parsons）在其著作《选择一个职业》一书中指出，职业选择与职业指导是在清楚认识、了解个人的主观条件和社会职业岗位需求条件的基础上，将主客观条件与社会职业岗位（对自己有一定可能性的）相对照，最后选择一种与个人特长相匹配的职业。"职业锚"理论的提出者、在职业生涯辅导领域具有"教父"级地位的埃德加·施恩（Edgar Schein）教授认为，职业规划实际上是一个持续不断的过程。在这一过程中，每个人都在根据自己的天资、能力、动机、需要、态度和价值观等慢慢地形成较为明晰的与职业有关的自我概念。无论是个人主客观条件的了解，还是天资、能力、动机、需要、态度和价值观等的把握都是对自我的认识，只有清楚认识自己后才能有根据地进行下一步的规划。

认识自我对于确定个人的职业性向具有十分重要的意义。在该教育模式中，个体职业性向的确定将依据两方面的资料，即相关的测验和劳动力市场的需要。美国著名职业指导专家约翰·霍兰德（John Holland）提出人格类型与职业类型匹配理论，认为同一类型的工作者与同一类型的职业互相结合，便达到适应状态，这样工作者找到了适宜的职业岗位，其才能与积极性才能得以发挥。

怎样知道自己是哪一类的工作者，适合哪一类的工作呢？这就需要通过参考一系列的相关测验（包括性格、特质、兴趣等）来了解。另外，职业处于一种供求关系中，因此职业性向的确定还要考虑劳动力市场的需要。这种考虑包括近期和长远的需要以及当前从区域到全国再到全球不同范围的经济社会发展状况。

在实践当中，该教育模式一方面为寻求辅导的学生提供系统专业的测评和分析，一方面指导学生根据测评分析结果去了解相关职业的市场信息，在综合个人与社会因素的情况下，确定职业性向。

（二）厘清职业能力要求和掌握市场信息

职业生涯规划作为学习生涯规划的领航标，职业生涯规划的辅导是该教育模式辅导内容非常重要的一项。与高校常见的职业生涯规划课程内容不同，本书探究的教育模式将注重引导学生职业能力的培养和市场信息的掌握。职业能力的培养分以下几步：第一步，准确理解职业的定位。对职业定位的理解，首先掌握职业的专业划定中关于胜任工作需要达到的各种要求；然后，厘清职业要求所表达的内涵，明确通过什么方式来培养哪些能力。第二步，制订职业能力培养计划，确定每一年、每一阶段要达到什么要求、完成哪些目标。此外，职业能力的培养同样要结合本人的兴趣特点和市场的实际要求，辅导将根据学生的特点引导学生在掌握职业基本要求的过程中发展出具有自己特色的特长，这种特长可以是对基本要求的有所侧重，也可以是学生根据自己的理解或者市场的需要掌握基本要求外的能力。总之，将因材施教的理念贯穿于能力培养的整个过程中。

除了理论的测定和指导，能力的培养既需要市场的信息也需要实践的机会。一方面，辅导将指导学生如何掌握和利用市场信息，寻求实践的机会；另一方面，也将为学生的职业能力培养提供机会。在这个过程中，辅导机构会逐渐建立一个信息体系和交流网络，确保辅导的时效性和实效性。

（三）在导师的辅导下进行大学学业生涯的整体规划

在认识自己和逐渐清晰了职业生涯规划之后，就应当在二者的引导下，来规划大学四年或五年的学习生活，实现全面的发展。全面发展包括书本知识、专业技能、人际交往、为人处世的方法的学习，包括身体、精神、意志的锻炼，包括世界观、人生观、价值观、信仰与责任感的形成，实际上包括一切意义上的成长。全面发展是一个漫长而复杂的过程，需要自身的坚持与探索，也需要外界的指点与支持。该教育模式辅导的一项重要工作内容就是对大学生的学习全程做整体的规划与指导，使其在大学期间的不同阶段有目的、有计划地培养自己不同的能力。这种指导一方面基于学生在自我认识过程中的信息，另一方面根据学生遇到的实际困难与迷惑。辅导并不是直接教学生如何用具体的方法去冬决问题，而是指导学生如何利用学校现有的各种资源，并为学生利用这些资源提供便利；同时，辅导将对学生反映的大学生活中存在的各种问题进行整理，为完善现有的人才培养模式提供资料。这一项辅导内容的目的在于实现教育的最终目的：培养具有创新、开叁积极、健康向上等特质的，知识、技能、素养俱佳的全面而自主的人才。

（四）在导师的监督、指导下执行计划和适时调整计划

辅导的有效性关键在于计划的正确和执行；生涯辅导是一个长期而全面的过程，也是一个辅导者和被辅导者双方进行探索的过程，在这个过程中，难免会遇到困难或者发现新的问题。辅导者在此肩负着坚持探索和监督执行的重任，一方面，根据学生的反应及时发现问题，协助学生调整要执行的计划；另一方面，保持与学生的沟通，督促其计划的执行。另外，为保证学生最大化地利用学校资源，还将与学校的其他职能部门进行协调，尽可能为学校资源的优化配置做出贡献。辅导的内容分成几个部分，但这几个部分不是相互独立的，要将它们整合到一个学生的身上，学生的成长才是全面有效的。辅导的过程也应当是一个辅导成效检验的过程，课题组在对辅导内容进行探究的过程中，将同步引入每一个辅导项目的检验机制。果断从理论的逻辑上、实践的操作中和与其他人才培养模式的对比上去提高辅导的有效性和优越性，使辅导实现学生的成长、成才，实现辅导引导学生思考、引导学生认识、引导学生探索的功能。

本教育模式共有六个主要环节：认识自我；确定职业性向；进行职业生涯规划；进行学业生涯规划；执行规划；反馈、调整规划。上述各个环节中，导师对每一环节都进行必要的指导和帮助。其中"执行计划"的过程即为学生提高学业水平、培养职业能力和素养的过程。上述六个环节之间很难找到泾渭分明的界限，尤其是职业生涯规划和学业生涯规划这两个环节，是互相缠绕在一起的。随着规划制定者对职业及自身能力与特点的认识不断加深和完善，有可能调整自己的职业生涯规划，这将影响到学业生涯规划；但同时，随着规划制定者不断发现和挖掘自己的潜能，有可能改变先前制定的学业生涯规划，这又可能须对职业生涯规划的某些方面做微观调整。

二、导师的角色与职责

目前，我国有不少高校实行"双导师制"。双导师制是指在本科教育中，以学生班级为单位，由教授或副教授担任学术导师、由班主任担任思想政治导师，共同指导学生学术、思想和生活的制度。南昌大学在为每 200 名本科生配备一名专职辅导员（思想政治导师）的同时，还为每 2~3 个班配备一名专业导师（学术导师）。厦门大学也有类似的做法，但厦门大学的专

职辅导员数量较少，而学术导师数量较多，一般一个班就配备一名，这类导师被称为班主任。

双导师制的实施满足了高等教育改革发展的需要。高等教育大众化是实现科教兴国战略、推动经济和社会可持续发展的正确选择，但连续扩招使高校的教师资源出现不足。在师资力量严重短缺的情况下，大学生因目标缺失、学业挫折、生活不适、家庭困难等因素引起的思想和心理问题得不到及时有效的疏导，每年都有学生因此休学、退学，学生患上心理疾病、精神抑郁的情况也屡见不鲜。传统教育模式已经不能完全适应新形势的需要，其对学生的指导、疏导、引导也随着学生人数的增多而达不到应有的效果。双导师制为学生配备了学习指导和思想引导两个导师，满足了学生学业与思想的双重需要。

高等教育发展至今，不仅有了导师制，还采用了学分制。学分制打破了原来以班级为单位的组织教学方式，其特点是选课制。学校构建多样化课程体系，开设大量可供选修的课程，以供学生自主选择，规划自己的发展方向。在学分制的制度下课程选择相对自由，但学生很难把握专业课程的内在联系，仅凭兴趣选课往往会造成舍本逐末，难以形成学习体系。而且，学生选课有较大的盲目性，有的学生只看重课程通过的难易程度，还有的学生选过的课程后来发现是专业必修课。双导师制弥补了学分制的不足，专业（学术）导师在学生入学后就向学生介绍专业特点和课程内容，使学生在选课前对知识体系和各门课程有了初步的了解。学生选课时，专业（学术）导师还可以帮助学生制订合理具体的学习规划，以避免学生学习的盲目性。

我国现阶段也将导师制向本科生阶段推进，有研究者进行过相关研究，一名导师在大学四年可带 30~40 名学生，这相当于班主任所带学生的数量。但其效果相较来说，导师制占了明显的优势，因为通常导师都是在学术上或是课业上比较出类拔萃的人，超过了以往传统教育老师仅在课堂上对于学生的辅导，传统的教育模式在新的社会发展形势下日见弊端。随着教育教学改革的深入，在大学本科生的教育中出现导师制，这种原有的教育模式的新应用为全面提高大学本科的教学质量开辟了一条新路，从导师制的特点及其应用的必要性等方面进行了初步探讨，从中可以看出导师制对大学本科教育的积极作用。

有些学校在实际教学中，把导师的资源利用起来，建立类似副导师制的机制，由导师选择自己的研究生或本专业高年级的学生，来参与指导低年级学生的学习生活，通过高年级学生与低年级学生的交流达到一对一指导的效果。同时，导师并不是放任自己学生的交流，更多的是导师提供相应的方案，交给研究生、高年级学生进行指导工作，导师把握指导方向。导师定期检查指导的效果，并及时改正学生中不合理的指导部分。具体操作由学生间的交流来完成，而导师也要和学生进行交流，这样既减轻了导师的工作量，又锻炼了高年级学生，大大提高了"导学"效率，同时使差异化指导成为现实。

这种教育模式始终强调指导教师的辅导作用。可以说，离开指导教师的辅导、监督，学生很难对自己的个性特点、学习生活环境以及职业信息做出理性细致的分析，也很难持续贯彻执行已制订好的学业生涯规划。那么，在本教育模式中，导师究竟由谁来担任呢？的确，现在很少高校有专门的"学业规划师"，其工作主要是由一些思政类教师、心理健康教育教师或者专职班主任来兼职完成，我们将从事了大学生学业规划辅导工作和为他们提供了障碍清除工作的教师称为"导师"。但是，就目前我国各高校来说，基本上没有专职的学业生涯规划导师，没有成立专门的学业规划指导机构。尽管有些高校为每个班级配备一名兼职本科生"专业导师"，以解决学生在专业学习中遇到的问题，但这类本科生导师其实受限于对职业规划知识的缺乏、对教育心理学知识的缺乏，加上主要精力在于完成自身教学科研工作的任务，难于起到应有的指导作用。也有研究者认为专职辅导员在指导大学生学业生涯规划方面具有很多有利条件，认为大学生学业生涯规划已隐含在辅导员工作中，辅导员对学生的个性比较了解，大学生对辅导员又具有较强的依赖性，便于辅导员开展学业生涯规划指导。但专职辅导员由于所带学生较多，工作内容主要是生活习惯教育、政治思想引导、文体活动组织、弱势群体的关注，工作较为琐碎，虽然在接触过职业指导知识和一定的教育心理学知识，但往往对专业了解还不够深刻。有学校在教务处的指导下成立大学生学习服务中心，但都缺乏知识结构全面、实际工作经验丰富的专业人士来为学生提供具体的学习指导。因此，本教育模式中的导师目前还主要是依靠素质导师或学术导师，一些具体工作由导师来完成，教务处、各系教研室以及心理健康教育中心的老师主要还是做辅助性工作，对上述两类导师进行培洲和指导，即担任导师的导师。高校今后可以尝试学生管理体制改革，对于本科生的日常管理，精简"专职班主任"的人员编制，设置"学生事务工作岗"，具体承担学生管理的日常事务工作，设置本科生"学业导师岗"（注意与研究生的导师相区分，研究生的导师一般称为"学术导师"或"专业导师"，本科生的称之为"学业导师"）。对于学业导师，要求具有一定的教学经历，具有副教授以上职称或博士以上学历，熟悉大学课程与教学的理论知识、大学生心理特点和教育方法，了解本专业最新就业形势与动态，有充沛的体力与精力和高尚师德，愿意经常与学生保持交流、关心学生成长。对于担当了学业导师的专业教师，在本科教学工作量方面可以做适当减免。

三、导师在指导过程中的作用

（一）引导学生进行正确的自我认知和自我定位

（1）自我认知。全面、客观、冷静的自我评估能够让大学生更好地认识自我、了解自我，从而避免大学生学业生涯规划的盲目性。高等学校要指导大学生通过科学认知的方法和手段，对自己的专业兴趣、性格、能力等进行全面认识，清楚自己的优势与特长、劣势与不足。

（2）对自身的定位。对于大多数学生来说，大学阶段过的是一个单纯有保障的生活，学习、生活、交际、娱乐都很有规律，在这样的环境里，容易萌发浪漫的情调和美好的理想，但这样的生活与现实社会自然存在着一定的距离，因此大学生在读书期间就应该对自己有一个基本的定位。在现在竞争激烈的社会环境中，如果期许临时抱佛脚的心态、不能认识到自己所处的地位和社会现实，就会对大学生今后毕业的职场生涯很不利。

人生是一个不断定位、不断选择的过程，每个人都不可能完全看透自己，也不可能在一时将自己定位成型后而毫无改变。事实上，人总是在不断改变对自己的看法、不断更正对自己的认识、不断反思自己当前的所作所为。导师应帮助大学生科学地对自己在每一特定的阶段进行定位。

（二）引导学生正确认识专业和职业的关系，树立正确的价值观

（1）引导学生认识专业与职业的关系。关于专业与职业之间的关系，我们在第一章已有论述。中国过去的高等院校专业设置长期采用的是苏联的专业模式设置，也就是"职业—专业—课程"。在一定的学科基础上设置专业，然后再做课程设计，根据职业活动领域的具体任务、变化情况和发展前景，来判断人们所需要的专业知识、素养和能力，以此来确定课程的教学内容。这一做法更多的是受牵制于社会，就是社会需要什么，学校根据社会的需求再进行相应的人才培养，学校始终处于一种被动的位置。这样学生在学习的时候所受到的教学理念就是为了培养将来就业的某方面人

才而学某一门学科。

而事实上，从我国目前大学生就业情况来看，专业与职业对口的人只占了求职学生的小部分而已，更多的人在求职过程中专业与职业是不对口的，甚至有的是风马牛不相及，完全没有联系，这种情况的出现使得现在大学生在进行专业理论学习的时候就抱有一种专业无用的心态，这对于学生的发展是相当不利的。有人曾经计算过专业与职业之间的比例，专业与职业数相比至少为 1∶10，而每一种职业又有多种不同的工作岗位，因此这里就涉及针对性与适应性的问题。

要知道大学不可能把人类的全部知识都交给学生，而作为学生也不可能完全吸收掉全部的人类精华，因而大学通过专业的设置，按一些职业分工的需要来选择学习内容，形成系统的知识化体系，将知识寓于教与学的活动系统中，期望通过老师的传授和学生的实践来相互贯通。

（2）帮助学生树立正确的价值观。什么是价值观？价值观是指一个人对周围的客观事物（包括人、事、物）的意义、重要性的总评价和总看法。由于环境和条件的不同，个体对客观事物都有自己的衡量标准，价值观不是与生俱来的，而是在后天的生活、学习工作中逐渐形成的，受兴趣、经验以及周围事物等因素的影响。

北京师范大学价值与文化研究中心提出，当前青年学生的价值取向呈现出多样化的特点，其主导价值观是好的，但消极因素有逐渐增强的趋势。第一，具有强烈的时代特征。这一代青年学生对祖国的前途十分关心，认识到个人的命运与国家的发展是紧密相连的。第二，具有多样化的趋向。这一代青年学生的成长期正是我国社会变化最为剧烈的时期，西方思潮大量涌入，社会宏观层面的价值观急剧变迁，对大学生个体成长的影响和渗透是深刻的。第三，自我中心倾向明显。当代的青年学生总体上追求自我需要的满足，这成为许多学生价值观的基点。第四，崇尚实用主义的倾向。当代青年学生对我国现行的以公有制为主体的多种经济成分形式的认识明显提高，市场经济观念日益增强，经济头脑、实惠观念愈来愈重。第五，价值观具有明显的不稳定性。由此我们可以看出，对大学生的价值指导是迫在眉睫的。

（三）指导学生进行职业性向测评，确定职业性向，制订职业生涯规划

大学生对学业生涯的规划要有目的性，大学的学业规划是为将来的发展打下基础，为人生的道路未雨绸缪。因此，学业的规划有赖于职业性向的评定，有针对性地制订自己的计划，不仅有利于学生在进入职场后尽快为自己定位，也有利于自己在大学期间找到自身的学习方向。

职业测评和效能感的确立也都需要在导师的指导下得以有序地进行。在对自我进行一个全面的剖析之后，从自身条件出发，针对自己的个性，了解自己的兴趣爱好，根据动机确立未来想要实现的目标，继而根据职业测评的结果在对职业有了一个初步了解和认知之后，进行职业性向的确定。

（四）指导学生制订学业规划

充分了解每一位被指导者，指导学生剖析自己（包括兴趣、爱好、能力、特长、性格、期望等，还包括存在的缺点）；指导学生进行学业测评；指导学生了解学科和专业领域的研究内容、方向和前沿动态，了解市场需求、行业动态、就业前景等，确定社会需要什么。将大学生学业生涯规划教育贯穿于高等教育的全过程，以帮助学生做好大学四年的个人设计；引导学生明确奋斗目标和发展方向；帮助学生制订实现学业的具体行动方案。

针对不同年级的学生，指导的侧重点应有所差异。

面向大一新生：此阶段的学业规划辅导的主要工作是让大学生加深对本专业的培养目标和就业方向的认识，增强大学生学习专业的自觉性，培养学生的专业学习目标并让学生初步了解将来所从事的职业。大学生除要掌握宽厚的基础知识和精深、广博的专业知识外，还要拓宽专业知识面，掌握或了解与本专业相关、相近的若干专业知识和技术。

面向大二学生：此阶段的学业规划辅导的工作重点是让大学生了解其应具备的各种素质，鼓励学生通过参加各项活动，锻炼自己的各种能力。如鼓励学生参加兼职工作、社会实践活动，并要求其具有坚持性。最好能在课余时间后长时间从事与自己专业有关的工作，如参与学生科研工作，提高自己的责任感、主动性和受挫能力，并开始有选择地辅修其他专业的知识充实自己。

面向大三学生：此阶段的学业规划辅导的侧重点是指导大学生加强专业学习，同时，高校可以通过大学生素质拓展活动来锻炼学生独立解决问题的能力和创造性；鼓励学生参加和专业有关的暑期实践工作。

面向大四毕业生：此阶段学业规划辅导的主要工作可以放在指导学生对前三年的学习做一个总结，首先检验已确立的学业目标是否明确，前三年的准备是否已充分；然后，有针对性地对学生今后的学业规划，如攻读研究生继续深造等进行专项指导。

第三节 学业规划教育的实施方法

一、测评

这里的测评，主要指的是学业测评和心理测评，是指在整个教育模式中都需要经常用到的一种诊断方法。

心理测评是一种比较先进的测试方法，它是指通过一系列手段，将人的某些心理特征数量化，来衡量个体心理因素水平和个体心理差异的一种科学测量方法。按测评的内容、对象特点、表现形式、目的、时间、要求等分为若干种类。主要是各机关、企业、组织等用来选拔人才、安置岗位，以及对一个人进行诊断、评价、辅助咨询的一种手段，它包含能力测试、人格测试和兴趣测试等。

学业测评，是指为了提高求学者的学业发展效率，而对与其相关的学业所进行的筹划和安排，是对求学者的自我学习认识和对自己学习态度的统一。本教育模式下的学业测评是对大学生的学习阶段进行研究，但并没有将这一个阶段独化，而是将其置于个体的整个生涯当中，受职业生涯规划的引导。在本教育模式下的学业测评，就是通过解决求学者学什么、怎么学、什么时候学、在哪里学等问题，以确保用最小的求学成本（时间、精力和资金）通过学习成长为满足阶段性职业目标要求的合格人才，从而最大限度地提高求学者的职业（事业）发展效率，并实现个人的可持续发展。心理测评是将科学与经验有机结合起来，针对评价目标，通过定性、定量的方式，对大学生的能力、个性、知识水平、职业倾向和发展潜力等方面进行综合测试、分析和评价。与传统评价手段相比，其数据化、客观化的特征特别显著。它是建立在教育测量学、心理学、行为科学、管理学、计算机技术等基础上的一种综合选才的方法、体系。

心理测评的实质是对行为的测评，这些行为主要是外显行为而不是内部心理活动；是一组行为而不是单个行为。心理测评是对一组行为样本的测评，即所测评的行为组是有代表性的一组行为，任何个体在不同时间、空间与条件下的行为表现是不尽相同的，如果我们所测评的行为抽样不同，则所得到的结果就会不同。心理测评的行为样组不一定是真实行为，而往往是概括化了的模拟行为。心理测评是一种标准化的测验，主要是指测验的编制、实施、记分以及测验分数解释程序的一致性，而且心理测评也是一种力求客观化的测评。

因此，在本教育模式下，进行科学的测评就必须将学业测评和心理测评有机地结合起来，心理测评是学业测评不可缺少的组成部分，而学业测评则是心理测评的基础，指导着心理测评的方向。

二、访谈

与学生访谈是本教育模式在大学生学业规划与职业规划的一个重要方法，访谈对于了解情况、处理问题、构建合理的学业规划和职业规划有着十分重要的作用。

（一）访谈应坚持的原则

（1）保密原则。师生谈话时，常常会涉及学生学习、生活、感情、家庭、心理等各个方面的问题。对于学生个人或家庭的隐私问题，即便学生没有特别要求，辅导员也一定要替学生保守秘密。学生信任老师，才会告诉老师自己的秘密，如果老师泄露了学生的秘密，不但会失去学生的信任，还有可能给学生带来不必要的麻烦或者伤害，甚至酿成严重后果。

（2）平等原则。在中国传统的思想里，有着"一日为师，终身为父"的观念，这种观念过分注重师生间在社会角色方面的差别，不重视老师与学生之间在法律和人格上的平等地位。有些辅导员受此观念的影响，为树立自己在学生面前的威信，增强语言的说服力，在与学生谈话的时候，也经常把这句话挂在嘴边，殊不知，这句话一出口，就等于把自己置于学生的对立面，给学生的感觉就是老师是高高在上的，对老师的话只有唯命是从，这样，学生心里就会产生隔阂，进而不愿意与老师交流沟通。这种观念不符合我们现代高等教育要求建立的新型、平等的师生关系，辅导员只有摆脱这种传统思想观念的束缚，时时刻刻在脑海里树立平等意识，用平等的姿态和语气与学生交流，才能取得学生的信任，学生才会"亲其师，信其言"。

（3）尊重原则。美国著名心理学家马斯洛把人的需要分为生理、安全、归属与爱、尊重和自我实现五个层次。他认为，这五种需要就像阶梯一样，从低到高，不断上升。现今的大学生，普遍自我意识较强、自我表现评价较高、尊重和自我实现需要较强，他们时时渴望得到别人的尊重。因此，辅导员在与学生进行个别谈话时，一定要尊重学生。只有尊重学生、热爱学生、关心学生，维护学生的权益和人格，让学生真正感受到辅导员是他值得信赖、容易亲近的朋友，他才会尊重老师、信任老师，从而愿意敞开自己的心扉与老师进行思想交流和情感沟通。

（4）理解原则。当代大学生接受的新鲜事物多，对自我和社会有自己独立的见解，有理想、有激情，但是，敏感、心理不成熟，辨别是非的能力弱，容易受他人和周围环境变化的影响，说话做事易冲动，看问题做事情往往容易片面甚至走极端。作为高校辅导员，要有一颗宽容的心和求同存异的情怀，不要动不动就训斥他们，一定要理解他们，在与他们进行交谈的时候设身处地地站在他们的角度看待分析问题，毕竟他们的世界观、人生观、价值观尚未完全成熟。

（二）访谈的技巧

1．了解谈话对象

正如世界上没有完全相同的两片树叶一样，世界上也没有完全相同的两个人，因此同样的说法和做法，对不同的对象会产生不同的效果。这就要求辅导员尊重学生的个体差异性，在与学生进行个别谈话前要充分了解被谈话对象的特长、个性、爱好、家庭状况、人际关系、平时表现情况，仔细分析被谈话学生的个性特点和当时的思想状况等，采用灵活多变的谈话方式。

2．选择谈话时机

选择好的谈话时机很重要，因为时机选择的好坏将直接影响到谈话的效果。当学生在学业上有困难时，及时与他们进行谈话，可以了解情况，帮助他们解决困难，树立生活的信心；当学生在思想上有困惑时，及时与他们进行谈话，帮助他们走出困扰；当学生犯了错误时，及时与他们谈话，可以帮助他们找出错误所在，启发他们积极改正错误；当学生取得成功时，及时与他们进行谈话，可以增强他们取得更大成功的信心。

3．寻找共同话题

俗话说"话不投机半句多"，可见，共同语言在谈话中有多么重要。辅导员在与学生交谈时以师生感兴趣的共同话题开始，容易与学生产生思想上的共鸣，很快调动学生的谈话积极性和主动性，营造良好的谈话氛围，再在适当的时候逐步引入谈话正题，自然能够取得良好的谈话效果。女同学普遍爱美，与女同学谈话时，先称赞她的衣服、鞋子、发型或者包包之类的，对方听了通常会很高兴，就可以借此机会顺势谈下去。男同学普遍对球类运动或者新闻之类的感兴趣，以近期学校的球类比赛或新闻，国内外的热门球赛或重大的新闻事件作为开头，就可以迅速打开谈话局面。

4. 善于倾听

一个语言有说服力的人，一个善于做教育工作的人，必定也是一个好的聆听者。师生间的谈话应该是一个双边互动的过程，在这个过程中，辅导员不能唱"独角戏"，要善于倾听、善于观察、善于分析。辅导员在倾听的过程中，如果手里还在做其他事情，会让学生觉得老师不重视自己、是在应付自己、并不是想真正听自己诉说，可能就会不愿意谈下去或用沉默来表达"无声的抗议"。辅导员要停止手头的工作，全身心地投入，认真、耐心、仔细地听，并在适当的时候给予一定回应，表示自己对学生所说的话感兴趣，引导学生继续谈下去，但是，不要随意干扰、打断学生的谈话或者是匆忙地下结论。辅导员在听的过程中，需要思考学生所要表达的真正含义，在听完学生的倾诉后，结合学生表达的意思，真诚地提出自己的意见、看法，供学生思考和选择。

5. 善于用委婉语言

古人曰："良言一句三冬暖，恶语伤人六月寒。"辅导员在与学生谈话时，要多用委婉语言，用商量的口气，千万不要用否定或过激的语言。否定或过激的语言说出来很容易，只需要短短的几秒钟，可是，它却很容易伤害学生的自尊心，损害学生的自信心，给学生的心理带来负面影响，甚至影响学生今后的工作和生活。英国著名教育家洛克在《教育漫话》中曾这样写道，教育上的错误比别的错误更不可轻犯。教育上的错误正和配错了药一样，第一次弄错了，决不能借第二次、第三次去补救，它们的影响是终身洗刷不掉的。

三、团队辅导

本教育模式的团队辅导一般以生涯规划的理论为依据，借助团队辅导的方式对学生进行生涯教育，帮助学生树立生涯意识，学会使用相应的方式认识自我并规划人生。

（一）大学生生涯规划团队辅导技术的理论模式

许多学者对生涯规划问题进行了广泛的论述，美国伊利诺大学教授斯温从个人特质的澄清与了解、个人与环境关系的协调、教育和职业资料的提供三个方面提出生涯规划模式。他认为每个人的生涯规划虽然都有其独特性，但在生涯规划中，人们大体上是从自己的特质、教育和职业资料、对环境资源的评估与掌握三个方面来进行生涯规划。美国波士顿大学教授帕金森（Parkinson）提出职我匹配模式，他提出职业选择的三大要素：一是应清楚地了解自己的态度、能力、兴趣、智谋、局限和其他特征；二是应清楚地了解职业选择成功的条件、所需知识，在不同职业工作岗位上所占有的优势、不利和补偿、机会和前途；三是将主客观条件与社会职业岗位的要求相对照、相匹配，最后选择一个与个人匹配相当的职业。

团队辅导技术采用兼收并蓄的方法，综合以上理论来指导大学生的生涯规划。由于规划具有预测而非操作性和确定性，大学生的生涯规划主要体现在对自我的探索和对未来发展任务的探寻与训练方面。其任务是在专业教师的指导下，利用团体过程和团队动力的作用，促使个体在团队人际交往中通过观察、学习、体验，重新评价自己的思想、情感和行为，并可以在安全的实验性社会情境中认识与探讨自我、学习新的态度和行为方式，解决每个成员所面临的生涯规划与生涯发展问题。因此，在实际的操作过程中，可采用三棱锥形生涯规划团队教育模式，即以自我探索为底，以教育、职业、环境为三边，以自我规划与经营为轴心、以生涯目标为顶点形成的三棱锥形生涯规划团队教育模式。

根据三棱锥形生涯规划团队教育模式的要求，在具体辅导的过程中，要完成以下任务。

（1）探索自我：收集与分析个人信息，包括需要、兴趣、能力、气质、性格、价值观等，分析个人特质与生涯发展的关系。

（2）教育准备：了解自己所受教育的作用、优势、不足、需要补充的教育和训练，包括学历、学位水平、学识受用程度和状况等，以及自己需要调整和完善的知识储备等。

（3）环境状况：了解自己的家庭支持状况，包括职业经验、社会网络、人脉资源等；了解所处环境的政治、经济、地理、文化等方面的相关信息等。

（4）职业探究：职业的工作时间、地点、单位、内容、职务、工资待遇等因素组合及其变化过程。

在完成以上四个任务后，大学生对生涯发展将有一个清晰的认识，从而步入规划阶段。在考虑规划时，需要进行以下的工作。

（1）认识生涯发展任务：认识生活中不同角色的相互关系，认识生涯发展任务，增进生涯察觉与生涯意识，学习承担生涯责任。

（2）分析生涯资源：收集生涯任务的有关资料，分析达成生涯目标的优势与劣势，尤其是自我特质、所受教育、社会支持、文化与环境、生涯发展的机会与质量等。

（3）确立生涯目标：了解生涯规划的历程，确立生涯发展的长期、中期与短期目标。

（4）进行生涯决策：学习对生涯任务做决定以及决定的步骤与方法，发展生涯规划能力。

（5）实施生涯行动与评估：评估目标达成情况，调整与修改生涯目标，以保证职业生涯规划目标与学生个人发展相契合。

（二）团队辅导技术的运用与意义

团队辅导技术在本教育模式有着明显的作用。辅导过程中，通过灵活运用团体辅导技术，可以使学生树立两种观念，形成三种意识，激发四种能力，从而提高大学生生涯规划的质量。

1. 树立两种观念

（1）培养积极的自我观念。积极的自我观念实质就是一种积极的心态，它由自信、乐观、进取等正面特征组成。培养积极的自我观念就是要形成从积极的视角来进行思考的习惯，从积极的维度来看待自己、看待他人、看待物体或看待具体事情。不管一帆风顺还是困难重重，始终能以平静的心态、开朗的情怀、求索的勇气去面对成绩和克服困难，不以物喜，不以己悲。积极的自我观念有助于成就的获取，有助于幸福愉悦感的感知。大学生拥有积极的自我观念，更有利于他们正确对待自己的求职就业。职业生涯规划教育课中，教师可以运用"认识自我，悦纳自我""树立自信心"等辅导技术，使学生深刻认识自我、体会领悟自我，从而形成积极的自我观念，为成功就业铺下星光大道。

（2）培养理性审视就业的观念。无疑，造成大学生就业难的原因之一是大多数人都往东南沿海发达城市挤，宁愿在城市"流浪"，也不愿到条件艰苦的地区去奋斗。所以，从前几年开始，社会舆论就呼吁大学生转变就业观念，国家也鼓励大学毕业生到西部和基层中去就业。但笔者认为，笼统地提"转变就业观念"，尽管能在一定程度上缓解就业压力，但并不利于学生的个人发展：大学毕业生应该建立理性审视就业的观念，即结合就业市场、个人性格、能力、资源与竞争对手特点等因素，全面地分析自己的优势与劣势，通过分析、比较自己在大城市与落后地区的发展空间和愿景达成程度，从而做出理性的选择，而不是听凭个人意气或舆论导向的指挥，盲目地选择就业区域或行业。授课过程中，借助团体辅导技术，教师可通过"成功的支持系统"训练和典型案例体验分析，来辅助学生形成理性审视就业的观念，提高职业生涯规划的有效性。

2. 培养三种意识

（1）责任意识。"先天下之忧而忧，后天下之乐而乐""风声雨声读书声，声声入耳；家事国事天下事，事事关心"等名言之所以传颂千百年，在于它表达了一种强烈的忧国忧民的责任感。事实上，责任心是成就事业不可缺少的基本品质，上到国家领导人、时代杰出英雄人物，下到一名普通的职员，都不能没有责任意识。现代企业衡量人才，除了注重专业技能外，更注重道德品质，当中又以责任感为重。责任意识强烈，视企业如己出，勤勤恳恳、兢兢业业，将永远受企业的欢迎；反之，如果心不在焉，或者一味追求个人利益、损人利己，最终一定会受到社会的唾弃。职业生涯规划教育课理应将它作为重要的内容来训练，然而，空洞枯燥的说教收效甚微；相反，团队辅导技术可以创设情景，例如"爱心"训练、"母爱亲恩"训练、"角色扮演"技术等，均能唤起学生强烈的感情共鸣，让学生产生深刻的体验，自主产生强烈的责任意识。

（2）团队意识。"三个臭皮匠，胜过一个诸葛亮"并不是说单纯的人多力量大，而是说团结就是力量。恩格斯在《反杜林论》中曾经引用过拿破仑说过的战例："2个马木留克兵绝对能打赢3个法国兵，100个法国兵与100个马木留克兵势均力敌；300个法国兵大都能战胜300个马木留克兵，而1000个法国兵总能打败1500个马木留克兵。"这样的结局是因为法国兵讲究团体纪律，讲究团体战术，而马木留克骑兵虽骁勇善战，却缺乏团队意识，团队战斗力有限。现代企业也十分看重团队意识，要求团队成员之间要沟通合作、要有大局意识、要有奉献精神。企业拥有高团队意识的人才，就等于拥有了可以源源不绝地创造效益的"摇钱树"。职业生涯规划教育课可利用团体辅导技术，例如"欣赏与信任""脑力激荡""团队合作案例分享"等训练来培养大学生的团队意识，提升大学生的团队合作能力，为学生未来的发展奠定基础。

（3）服务意识。如果说质量是企业的生命线，那么服务就是企业发展的康庄大道。在物质产品极其丰富、文明程度越来越高的社会，人类追求的不仅仅是物品使用的有效性，还注重使用过程中的舒适性，贴心周全的服务可以满足人类的心理享受，因而服务意识是企业生存和发展的重要筹码。这一点，在服务性行业更是如此。大学生在求学的过程中，就要有意识地培养服务意识，这样，在以后的求职面试过程中，将会表现出良好的素养。职业生涯规划教育课中可通过"爱心""换位思考"等团体辅导技术来增强大学毕业生的服务意识。

3. 激发四种能力

（1）职业生涯规划能力。成功的生涯规划可以有效避免人职不匹配的现象。团体辅导可借用"人格测验""职业兴趣测验""职业能力测验"等心理测验和"我是谁"等团体训练，帮助学生进行自我分析和职业分析，使学生对自我有一个全面的了解，对职业世界有理性的认识，澄清学生职业自我概念。通过生涯探讨的方式，引导小组成员共同解决生涯规划中的问题，纠正职业生涯中错误的理念，消除学生在求职认知、求职择业方面的烦恼。运用团体辅导技术培养学生的职业生涯规划能力，让他们自主地树立长远奋斗目标、明确短期目标，知道什么时候该学习什么知识、该做什么事情，少走弯路，逐步通向职业成功之路。

（2）人际交往能力。人是群居动物，人与人之间的交往是社会运转的纽带，"人脉是成功的重要因素"也道出了人际交往能力的重要性。大学生善于待人接物、言行得体大方、善于结交朋友、与人为善，不但能给自己和他人带来愉悦感，还能给自己的求职就业带来意想不到的好处。很多情况下，企业员工通过人际交往活动，也能为企业实现效益。故而不管是企业培训员工，还是高校开展职业生涯规划教育课，都十分注重人际交往能力的训练。团体辅导的目标之一就在于助人学会如何改善人际关系，职业生涯规划教育课中，可以灵活运用"双赢沟通""赞美无价""倾听有方"等团体辅导训练技术，给学生创设一个真实的交往情景，教师通过引导，让学生自发产生交往动机，自主掌握交往的原则、技巧，从而增进人际交往能力。

（3）心理调适能力。当代社会，竞争异常激烈，没有良好的心理调适能力，就像温室里的花朵，一经风吹雨打，就萎靡不振了。近些年来，就有不少报道，说某某大学生，或是经受不起求职之苦，或是为情所困，或是学业压力太重，或是人际关系僵硬，而最终选择"一死了之，死了一了百了"的悲剧性结局。其实，如果有较强的心理调适能力，不但可以做到"忍一忍风平浪静，退一步海阔天空"，而且还能化解压力，在逆境中保持良好的心尾和旺盛的斗志。为了解决大学生求职就业过程中产生的心理问题，职业生涯规划教育就要教会他们学会调适心理。运用团体辅导，例如利用"认知重建""肌肉放松练习""想象脱敏法"等，激发学生的心理调适能力。

（4）好学、善学能力。好学就是乐于学习，勤于学习；善学就是懂得怎么学习，懂得学习什么。时下，教育理论界大力提倡全面学习观念、终身学习观念、自主学习观念、创新学习观念，说白了，就是在人生全程都要好学、善学。"三人行，必有我师焉，择其善者而从之，其不善者而改之"，孔圣人也教诲人们要好学、善学。在市场经济条件下，一个进取的企业是不会拒绝虚心好学的员工的，因为如果那样，就等于葬送企业的前程。拥有大量好学、善学的员工，就能源源不断地为企业创造出效益，好学、善学既能为集体谋利益，又能充实提高自己，何乐而不为呢？职业生涯规划教育课运用团体辅导技术，例如通过"记忆力训练""学习动机训练""学习方法训练"等项目，来激发大学生的好学、善学能力。

四、成长记录袋

（一）成长记录袋是本教育模式的有效实施载体

目前，尽管已有不少高校专门成立了职业生涯规划教育中心，但因忙于应付大量的与就业有关的事务性工作，难以有固定的时间和精力开展大学生职业生涯指导工作。各校从政策、人员、设施到资金方面都较为缺乏，建立健全大学生职业生涯规划指导和实施机构、机制，是大学生就业能力拓展模式得以实现的基础。综合国内外实施的大学生职业生涯规划教育和职业指导情况，成长记录袋是职业生涯规划教育实施的创新机制。

成长记录袋又称档案袋，它是用来显示有关学生学习成就或持续进步信息的一连串表现、作品、评价结果及其他相关记录和资料的汇集。通过对学生成长记录袋的分析和评价，可以对学生发展状况进行全方位的了解，从而便于对学生因材施教，有针对性地培养其特长。

成长记录袋主要是为教育评价问题而开发的一种方法。一般来说，缺乏取舍经验和能力的学生，在没有评价指标的情况下，就没有明确的学习方向和动力。在应试教育情况下，到了大学阶段，大学生的升学压力没有了，而且社会对大学生的需求标准并不能明确地为大学生所认知，因此在大学初期，部分大学生一下子失去了方向，从而产生迷惘，出现逃课、玩电子游戏、打架斗殴等不认真学习的现象。究其原因就是大学生的教育评价标准和社会需求之间出现了脱节。大学的教育评价和指导方向并不完全是按照学生个性和社会需要有机结合进行的，而只是一个笼统的评价机制。学校可以保证学生考一个好成绩，但是大学生走向社会就业时，并不是只有一个好成绩就可以了，因此造成了大学生对现有评价机制的抵触；这就需要在大学生培养过程中，依照学生自身的个性（潜质），面向市场的需求，为大学生量身定制一个职业生涯规划成长记录袋，以指导其主动适应大学生活和社会需求，从而能够正确地认识自己、评价自己、发展自己，通过成长记录袋一步一步地丰富和提升自己的专业知识和综合素质，从而具备持续性的就业能力。

成长记录袋在教育评价方面具有利于教、学及评价的整合，为学生发展性评价提供资料，利于学生个性发展，激发学生发展的内在动力等方面的优势，可以有效克服大学生因为没有明确的学习和发展目标而产生迷惘的现象。成长记录袋，实际上是教师和学生一起，依照社会需求，结合学生个性潜质，从学生入学开始为其建立的一个符合个性发展规律和教育发展规律的学习与职业生涯计划，并以此为切入点引导学生确定自己最佳的职业奋斗目标，从而激发学生在校期间的学习积极性，变被动学习为主动学习，增强学生的自主学习能力、发展学生的核心竞争力、激发学生的创新能力，从而避免学生无方向的学习，集中学生的时间资源，充分挖掘学生的个性特长，提高其综合素质和创新发展能力。

（二）实施基于本教育模式下的大学生成长记录袋需要解决的问题

基于本教育模式的成长记录袋是一套需要科学设计的系统，因此在实行的过程中必须正确处理好如下几个问题：

1. 必须以职业生涯为主线，开发大学生就业能力指标体系

推行电子成长记录袋，必须制定符合市场需求的大学教育评价指标，因此需要有专业的测评人员和学生工作人员并联合职业生涯规划教育部门的人员一起进行系统设计和开发，这样才可以避免笼统的标准制定，从而避免评价的形式化。

大学生的就业能力是一种综合能力，包括基础能力、专业能力和差异性能力三个方面。其中，基础能力包括人际交往能力、正确的就业动机、应聘能力、适应能力等，相当于"产品的包装形象"；专业能力包括专业知识、职业岗位所需的特殊技能等，相当于"产品的质量"；差异性能力包括个性化、创新性与创业性，相当于"产品的核心竞争力"。对于大学生的就业能力来说，基础能力是前提，只有具有了一定的基础能力，就业才有可

能性；专业能力是关键，只有具有了一定的专业能力，就业才有可行性；差异性能力是核心，只有具有了差异性能力，大学生才能充分就业。

2. 必须树立面向市场的教学理念

进行教学体系和课程体系的配套改革要想增强学生就业能力、符合社会需要，高校教学必须与市场需求接轨。要培养创新型人才，就必须开门办学，了解就业市场需求动向，并利用就业反馈，精心编制面向市场的教学计划，大力调整学科专业结构，从而为构建科学的学生发展指标奠定需求基础。比如江西财经大学开展的创新创业型人才培养模式，就是通过大力调整学科专业结构，精心编制面向市场的本科教学计划，构建了"通识课程+学科基础课程+专业课程+创业教育课程+实践环节课"的课程体系，增加了创业教育课程模块和融通性课程模块，增大了实践环节课的比重，对所有专业设置了创新实践学分，创业管理学成为必修课，创业实践学分达30分。

3. 要以职业

要以职业指导部门为轴心，形成教学、学生工作、职业指导联动机制的基于职业生涯规划的成长记录袋。这是一个综合性的创新工程，必须形成教学部门、学生工作部门、职业生涯指导部门的联动机制，通过信息共享和标准修改，才能够形成工作合力，全面促进学生就业能力的提高。

实施成长记录袋，高校必须完善职业生涯指导工作，变"毕业生就业指导"为"大学生职业生涯指导"。

首先，要提高职业生涯指导人员的素质和专业水平，要配备心理学、教育学、领导学、人才学等方面的专业人才，提高职业生涯指导的科学性和有效性。

其次，要通过成长记录袋，使大学生职业生涯指导工作贯穿大学生学习生涯的全过程，形成完善的职业生涯指导体系，并对照设立的就业能力标准指导学生及时提高就业能力和综合素质。在大学一年级要对学生开展成才教育和职业意识教育；大学二年级开展职业道德和职业知识教育；大学三年级开展就业观和就业能力教育，可以学习日本的职业指导经验进行就业考试模拟等；大学四年级进行技术培训和个性化能力培养指导。通过系统指导，帮助大学生及早确立职业目标，形成合理的知识结构和能力结构，从而增强就业能力。学生工作部门要配合大学生职业生涯规划的需要来建立学生的实习实践基地，帮助学生提高动手能力和社会沟通能力。

最后，教学部门要根据大学生职业生涯发展的需要，合理地安排课程，并尽量按照市场需求来设置专业和课程，为大学生适应市场和参加社会实践提供时间保障和知识储备保障。只有形成联动机制，才能够真正以学生为主体，形成完善的职业生涯指导体系，在提高学生综合素质的同时，真正提高学生的就业能力。

五、自我陈述法

"自我陈述法"是指在一定时间（一节课、一个学期或更长时间）之后让学生自己用口头或书面的方式陈述自己学到了哪些知识与技能的评价方法。"自我陈述法"是本教育模式用于评价辅导效果的基本方法。

"自我陈述法"的优点是多方面的，具体包括以下几点：

（1）"自我陈述法"体现了尊重学生的观念。到底学到了什么，学生不但有发言权，而且在一定程度上有按自己意愿表达的权利。传统的测评方式则忽略了学生这方面的意愿，基本上是按成年人的意识进行的，学生不得不在划定的条条框框内，按外在的要求进行表达。在诸多外在因素的限定下，许多个性化的东西就慢慢消退了，这就不利于发挥个别优势，也就不利于创新意识的发展。

（2）"自我陈述法"不但可以得到学生认知方面的信息，还可以获取学生关于情感、体验等非认知方面的信息。常用的测评方法，如"标准化测验"的明显优点在于其客观性，但其缺陷也是显而易见的，即没有人情味，使人的感情无法沟通。因此难以获得学生内心体验方面的信息，教师也就难以了解学生个性化的信息，更谈不上引导他们发挥其个性特征。而"自我陈述法"在测评时，学生通过回顾教学过程，既反思自己的认知过程，也回味自己的情感体验过程，从而发挥其个性特征。

（3）"自我陈述法"有利于发挥学生的创造性。学生在进行自我陈述的过程中，通过对自己前段学习的反思和回味，可以对自己的学习所得加以创造性地组织和整合，加速新思想的产生。"自我陈述法"可以采取团队口头交流的方式进行。如让学生上台演讲，交流自己近期收获，观察学生表达能力、归纳能力、探索能力，加强学生之间的沟通和互助，让学生相互了解、相互取经、取长补短；也可以采取课程日志的方式，让学生用书面形式表达自己的所思所感，提高自己的素养，这样学生的书写能力、归纳能力、探索能力都能表现出来。因此，"自我陈述法"是有效地检验辅导效果的基本方法。

第四章　高校职业生涯教育课程体系构建

第一节　高职职业生涯教育课程目标确定

　　课程目标是课程理论研究领域的基本问题之一，作为课程开发的重要环节，课程目标的确定对于课程内容的选择、课程实施过程以及教学效果的评价都具有十分重要的影响。作为教育目标的下位概念，课程目标体现在课程开发与设计过程中的教育价值。目前国内已有研究中，许多学者对课程目标进行过概念界定。"课程目标是一定时期内，学校课程希望最终达成的标准。"[①]"课程目标是学校课程希望达到的预期结果，作为课程设计和教学实施的出发点与归宿，在整个课程运行的过程中发挥着十分重要的作用。"[②]尽管不同研究者对课程目标的理解有所不同，但其都认同课程目标是一种预期的学习结果。在高校职业生涯教育课程发展中，课程目标同样是对学生未来学习效果的预期，并且作为整个课程发展的基础，具有十分重要的作用。

一、高校职业生涯教育课程目标制订的依据

　　职业生涯教育与其他社会活动有着密切联系。正是在这种联系中，职业生涯教育才表现出自己的特殊性质和功能。因此，确定其目标的依据首先就要从职业生涯教育本身所赖以存在的社会中去寻找，而不能局限在自己的小天地里去臆造。高校职业生涯教育课程需要依据社会需求来确定自己的目标。同时，职业生涯教育又是一种以人为客体对象的活动，对象本身对职业生涯教育目标的提出与实现也起着能动作用。因此，高校中大学生的身心规律和发展需求也对高校职业生涯教育课程目标起着限定作用。从职业生涯教育的产生来说，人的发展的需要正是一个十分重要、直接的动因。因此，高校职业生涯教育的终极目标是满足学生的可持续发展的需求，并通过自身需要的满足来满足社会的发展需求。

[①] 廖哲勋.课程学［M］武汉：华中师范大学出版社，1991：84.
[②] 靳玉乐，黄清.课程研究方法论［M］重庆：西南师范大学出版社，2000：214.

（一）社会发展与职业变迁

在社会的发展与职业的变迁方面提取目标，是高校职业生涯教育课程区别于其他课程的重要方面。这是因为，职业生涯教育与社会生活、职业发展之间有着紧密而全面的联系。在这里我们需要特别指出，对社会的研究目的不仅仅在于为高校毕业生找工作，而是为其未来完满的生活做准备。"社会'在事实和逻辑上具有多重含义，相对于"个人"而言，它指的是社会群体、社会团体，也就是社会关系。作为社会人，大学生的成长与发展都会受到社会大环境的影响，其个体发展与社会发展息息相关，因此，高校职业生涯教育课程目标的确立需要考虑社会的发展。学生的个体发展与社会的整体发展相互交织，不同个体学生走出学校步入社会构成未来社会的主体。课程目标的确立不仅需要考虑学生身心发展的规律，更要符合当前及未来社会发展的需求。高校职业生涯教育会影响学生步入社会之后的职业选择，以及个人职业生涯规划的制订，因此，社会发展与职业变迁是高校职业生涯教育课程目标设定的重要依据之一。

1. 学习化社会的形成

1968 年，美国学者罗伯特·哈钦斯（Robert M.Hutchins）在其《学习社会》一书中，将学习化社会定义为：不仅向人们提供定时定点的成人教育，而且在任何时候都以学习、成就、人格形成目的，成功地实现价值传递，从而实现一切制度所追求的目标的成功社会。今天，"学习化社会"已成为当今世界各国发展战略的关键词之一。正如哈钦斯所指出的，"变化的加速"是学习化社会的一个必要前提，它既表现为职业活动所需要的知识与技能技术水平越来越高，同时也表现为社会及个人家庭生活呈现"流动性形态"的变化。社会变化的加速要求人的知识、技能和观念的更新。社会个体想在社会立足、生存，并不断发展达成自我实现，需要具备的是不断学习的态度及能力。在学习化社会中，作为社会以及个人发展的一种手段，学习将贯穿人发展的一生，成为个体持续不断的终身活动。正如《学会生存》所指出的，终身教育是学习化社会的基石，学习化社会是一个能支持个人终身学习的社会。在当今社会，教育培养的人也许不会一直从事固定不变的职业，学校对学生的教育也不是一劳永逸的过程，因此，人的一生不能被简单、清晰地界定为教育阶段或是工作阶段。在学习化社会中，个体不是传统的、被动的教育对象，而是自己的学习主体。学习化社会鼓励并强调人的全面发展和创新能力，重视不同个体的自由发展和不同思维方式。不同社会成员根据自己的兴趣、需要和能力，选择相应的学习内容、学习方式和学习进度，从而整个社会的学习活动呈现个性化和多样化的特点。学生通过专业课程的学习掌握相应的专业技能和知识，每个人都会面临自己职业生涯发展的问题，高校职业生涯教育课程并不囿于特定和较低层次的技能培养的范畴，而是培养学生自我认知的能力和态度，促进学校学习与生活情境学习的相互补充，使其在离开学校之后，选择适合自身发展的生涯历程，真正实现个体的多样化和个性化的发展。

2. 知识经济时代的来临

20 世纪 90 年代以来，知识、技术和信息对社会经济的发展产生越来越大的影响。作为一种新的经济体制、新的时代，甚至作为一种新的社会形态的称谓，知识经济以其特有的规律进入到不同的国家，无论是政府还是企业，包括社会的方方面面，都深切地感受到这是一股不可逆转的潮流，它正逐渐改变着我们生活的节律。这种以知识为特征的新经济形态无疑影响到教育领域，突出表现为人才培养目标的变化，学校教育需要培养符合知识经济时代的人才，并且培养方式由终结性教育向符合个体需求的终身教育转变。在知识经济时代，知识与技能的传播更为广泛与便捷，相较于向学生传授特定的知识与技能，如何培养学生自觉的学习意识与方法变得更为重要。在这种背景之下，职业生涯教育不仅指导学生为就业做准备，同时具有培养学生形成规划未来生涯能力的功能。知识经济的时代背景下，经济全球化的加强、国际经济的发展以及产业结构的调整加速了职业的分工与更新，新的科学技术，例如网络的应用，引起工作模式、思维方式和组织结构的深刻变化，也对从业者素质提出了更高的要求。高校职业生涯教育课程帮助学生树立正确的信念与价值观，保持积极进取的心态，使其通过在学校期间的学习优化自己的知识结构，挖掘自身潜能，不断拓展自己的发展空间，在职业选择以及入职之后能够正确处理和看待所面临的困难与挫折。

3. 社会、经济的发展导致职业的变迁

随着社会、经济的发展，职业也在不断变迁。职业是社会分层的主要依据之一，职业变迁是历史发展的必然。职业变迁是指职业结构随着时间的改变，受到外在的或内在的各种因素的冲击，以渐进或激励的形式，出现部分或全体的变化。职业的发展与人类历史的发展以及社会的进步是同步的，社会、经济的不断发展促进社会分工的细化，越来越细的职业分工

形成更为丰富的职业群。因此，社会、经济的发展变化对职业的发展起着至关重要的作用，不同时期的社会、经济发展水平决定了不同的职业构成。职业起源于社会大分工。经历了农业社会、工业社会和现代社会，社会分工越来越细，职业的数量越来越多。社会生产力迅速发展，大大加速了社会分工和职业种类变化的进程，人们在职业的选择和发展上也越来越不能适应社会发展的需求。现阶段我国产业结构的调整速度进一步加快，新的行业和职业出现，原来一批老的行业渐次退出历史舞台。这一阶段低技能要求的职业在整个职业结构中比例逐步下降，而高技能要求的职业比例不断上升，并且各种职业本身的技能要求也在不断提高。与此同时，在就业竞争十分激烈的今天，学生步入社会之后所从事专业并非一定与所学专业一致，这就要求学生不仅要具有应对此种现象的心理承受能力，还要具有适应职业变迁的能力，这使得职业生涯教育和生涯辅导快步发展成为必然。

21 世纪社会经济发展促进了职业发展模式的巨大变革，其呈现出许多新的发展趋势。首先是获得职业地位的途径发生了变化。当前个体社会地位的获得以及职业的发展，更多地依赖于自身能力、知识、技能等内部条件，而并非取决于家庭背景、社会关系等外在因素。其次是职业岗位流动的方式发生变化。传统职业模式中，个体长期从事某一固定职业，即便是职业流动也是发生在组织内部。在新的职业环境之中，个体可能随时在同一组织中变换岗位到其他部门，抑或是更换组织或者变换职业，职业流动的模式更加多样化。再次是对于成功标准的界定。传统衡量职业生涯是否成功，以个体在组织中是否担任更高职务，承担更多责任并获得更多物质财富为标准。现在的人们更多强调在职业生涯过程中获得心理成就，渴望从事更为丰富灵活并能从中获得快乐的职业。计划经济时期，我国大学生就业制度是统包统配，在职业选择上更多依赖组织分配，缺乏个体的择业自由，缺乏真正意义上的职业生涯规划和管理。随着经济制度的转轨和用人制度的变革，大学生与其他群体一起进入劳动

力市场进行职业搜寻，自主择业、自主流动打破了之前的就业模式，改变了之前的就业观念。大学生与用人单位实行的是双向选择的择业模式，任何一个具体职业，都对劳动力素质提出了相应的要求，并不是任何人都能胜任某一职业，这就形成了职业对劳动力的选择。大学生在职业选择过程中，应充分考虑自身特点、能力、价值观念等因素，寻找到能够发挥自身潜能的职业。这需要学生科学地规划自己的职业生涯，承担自己职业生涯发展的责任，在竞争日趋激励的社会背景之下，不断提升自身素质与就

业能力，为将来实现完满人生打下基础。

（二）学生身心发展的特点

促进学生身心发展是学校教育的基本功能。在影响学生身心发展过程中，教育是占据主导地位并最富有成效的影响因素。作为一种有目的、有计划地改变个体行为方式的活动过程，高校职业生涯教育课程寻求促进学生的身心发展，这种变化除了外显行为也包括内隐的思维与情感的变化，并且与学生的需要联系在一起形成学生身心发展的"内在动力"。因此，高校职业生涯教育课程在学生的需要中确立培养目标，目的是寻找能够引起学生行为变化的因素。事实上，培养目标满足学习者身心发展需要，使其潜能得到充分发挥并形成和谐的人格，一向是教育的理想，也是历代教育家们孜孜以求并付诸实践的教育哲学。

1. 大学生个体发展的一般特征

斯普兰格（E.Spranger）是德国的哲学家、教育学家和心理学家，也是青少年心理发展人格派的代表人物之一。斯普兰格把人的青少年期（女性是 13～19 岁，男性是 14～22 岁）称为个体的"二次诞生"，以此来比喻在青少年期，儿童期时个体的安定、均衡的心理状态很快或逐渐地产生混乱现象，并导致自我意识的全部内容开始走向新构造的改编。因此，青少年期主要是精神发展的特定阶段。对于大学生而言，这一时期是其人格的形成时期，同时是自我意识蓬勃发展、社会生活领域迅速扩大并走向成人的重要时期。

美国心理学之父霍尔（G.S.Hall）将这一时期的青年尤其是大学生定义为"边缘人"，即指那种介于两个群体边界上的人，他们虽然已脱离孩子群体，但尚不能履行成人的责任和义务，因此常被排斥于成人行列之外，有着易产生内心矛盾、抱负不确定和极易采取极端立场的心理表现。大学生的人生观、价值观在这一时期最终得以形成。他们在为确立价值观、人生观做出努力时，又始终伴随着成功的喜悦、满足和失败的烦恼、不安。与此同时，在经过青年初期自我的觉醒、对自我的重新认知之后，大学生开始摆脱那种肤浅的、表面的对外界及对自我的认识，从而促进了自我意识的形成。在这一阶段，大学生开始学会深化体验人际关系的内涵，并已能熟练掌握与人交往的艺术。由大学生个体发展的一般特征可以看出，这一时期大学生自身发展蕴含着很大的潜力。职业生涯教育可以帮助大学生了解自己的能力水平和心理特征，充分认识自己的优势和不足，进一步确定学习目的和发展方向；同时可以激发学生的学习热情，挖掘和发挥他们的潜能，为将来的职业选择和职业发展打下坚实的基础。

2. 大学生自我意识的发展

在青年期，大学生开始注意到在自己的内部世界的"我"，并将注意力集中到发现自我、关心自我的存在上来。大学生身体的日趋成熟，使其更加注意、关心自己的身体、内驱力及内部欲求等方面；社会人际关系的扩大，导致学生将自己的内在能力与他人进行比较，从而引起对自己素质、天赋等问题的关心；认知能力的发展，引起他们对自己行动的原因、结果以及自己存在价值和人生意义进行思考。自我意识的发展促进了大学生自我的形成。生活中积累的经验直接影响到自我意识的发展，特别是"成功"和"失败"的经验，对自我意识的形成及自我意识的发展影响更为巨大。大学生对这些经验进行再评价，不断修正自我意识。在中学时代，学生被紧张的学习、考试所追逐着，几乎没有什么余暇去充分思考自己的问题。只有进了大学，才进入能够真正地专心考虑自我、探索自我和确立自我这一课题的时期。高校职业生涯教育课程需要促使学生树立正确的自我认知。自我认知是建立在自我观察与自我分析基础上对自身条件的全面评估，对于大学生而言，自我认知还是从"我想干什么"的幻想转变到"我能干什么"的现实上的过程。

3. 大学生人生观、价值观的形成

人生在世每个人都会对人生有一个根本看法，且伴随着相应的态度。人们经常会考虑自身活着的意义与目的、社会地位和道德标准等问题，并会对群己关系、人己关系和自我修养等问题持一定的观念，这一切都是人生观。而价值观则是指个体以自己的需要为基础对事物的重要性进行评价时所持有的内部尺度。大学生正处在人生观、价值观的形成至稳固的时期，也是最为迫切、最为认真地关心人生态度、生活方式、生存价值等一系列问题的时期。"人应该怎样去生活？""什么样的生活才是真正的生活？""人生的价值、人生的意义是什么？"等与人生密切相关的问题，始终冲击着青年人的心灵。与此同时，在他们身上又清楚地反映出对人生的探求和摸索，以及为扩大和深化自我的精神世界并确立人生观所做出的各种努力。大学阶段，随着生活范围的扩大、生活经验的丰富、心理水平的提高，大学生开始较为主动和经常地从社会的意义与价值角度来衡量所从事的活动和接触的事件，但是这个时期他们的人生观是从感性体验中得来的，因而

还不稳定。因此，在高校职业生涯教育过程中需要促使大学生树立正确的人生观、价值观，为学生今后步入社会打好基础。

学习者身心发展的需要是课程目标的基本来源之一，即学习者人格发展的需要。随着学生人格的发展，其自身的需要会不断变化、生成和提升，因而学习者人格发展的需要具有动态性的特点。学习者本人能够主观地、清晰地认识自身人格发展的大多数需要，但有时需要经由教师的引导和帮助才能将其上升为个体的自觉需要。学习者自身发展的需要既有年龄的差异性，同时具有个体差异性。所以，确定学习者需要的过程，实际是在充分尊重学习者差异性的基础上，体现其自主意志的过程。需要作为人的个性倾向之一，是个体所具有的自主能动性的动力和源泉。从职业生涯发展的角度对大学生的需要进行审视，其表现为学生的自我认知的需要、职业选择过程中的主体性需要、自我实现的需要等。对于如何满足高校学生主体需要的问题，理论研究有一个共识，就是在高等教育中应充分尊重个体的自主性与选择性。在课程目标的确立过程中，学生的兴趣、特点和需要，日益成为课程设计人员关注的焦点。

二、高校职业生涯教育课程目标体系的建构

1. 高校职业生涯教育课程的总目标

在教学目标的系统中，教学总目标就是教学目的，即期望学生达到的最终结果，它对不同层次的具体教学目标具有指导作用。②高校职业生涯教育课程的总目标为：通过对职业生涯规划相关理论的阐述和生涯规划实践指导，提高大学生对职业生涯促进人生发展意义、职业生涯规划对大学生完成职业准备期的作用的认识，使学生掌握职业生涯规划的方法，从而尽早树立职业意识，明确职业发展方向，使学生树立提高就业竞争力的紧迫感，学会规划学业生涯，自觉投身到学习中。同时通过该课程的学习，学生应能掌握求职技巧和学会职场自我保护，为提高学生就业竞争力、成功应聘和将来的发展与成才打下良好的基础。

2. 高校职业生涯教育课程的分类目标

目前最常采用的目标分类，为布鲁姆（B.S.Blom）、克拉斯霍尔（D.R. Krathwohl）、辛普逊（E.J.Simpson）三人所主张的教育目标分类方式（图4-1）。每一单元的目标可区分为认知、技能和情感三方面，每个教学目标之下所分出的层次，分别依照学习表现能力高低来列出行为目标。基于此，

笔者将高校职业生涯教育课程目标分为能力目标、知识目标和素质目标，高校职业生涯教育课程分类目标可建构为如下。

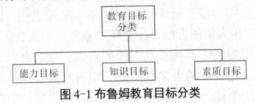

图 4-1 布鲁姆教育目标分类

（1）能力目标。大学生就业能力是其能力目标的基础，大学生就业能力是大学生成功地获得工作、保持工作以及转换工作时所具有的能力。就业能力是一种胜任力，它不仅包括大学毕业成功就业所需要的知识技能，还包括一系列与工作岗位有关的个性特征。美国的 SCANS 报告认为，就业能力包括 36 项能力，并将它们分为两大类：基础方面和工作胜任力。其中基础方面包括基本技能、思考技能和个体特质三个部分；工作胜任力包括资源、人际交往、信息、、系统和技术五个部分。哈维（Harvey）认为，具有就业能力的毕业生一般具有以下特质和能力：专业知识技能、学习意愿、自我管理技能、沟通技能、团队工作和人际关系能力。基于上述分析，我们将高校职业生涯教育课程的能力目标表述如下：

正确理解内外职业生涯的概念及其关系，并能制订适合自己的学业生涯规划书；能利用正式评估和非正式评估的手段对自我进行客观的认识；能利用网络、书籍等途径了解当今社会职业分类及其发展趋势，通过各种渠道对当前的就业形势进行了解，并分析其对自己就业的利弊，利用各种平台对自己的目标职业群进行分析，并找出自己与目标的差距，用网络等信息平台和其他渠道搜集招聘信息，并能分辨信息的真实性和有效性；能有效利用校内外的各种资源提高自己的就业竞争力；能撰写职业生涯规划文案并能做好一份有针对性、有特色的求职资料；能在应聘时积极主动地了解用人单位的信息，包括用人单位的基本情况、用人需求、对人才的要求、企业文化等，做好面试前的准备；掌握和正确运用面试礼仪，在面试过程中能有针对性、流利地完成自我介绍，可以把握面试常见问题的应对原则，能沉着冷静地应对面试中的突发问题和压力面试，并在面试中与面试官进行沟通，控制自己在面试过程中的情绪；能利用所学知识做出合理的职业决策；能简单判断出现何种心理障碍，能对出现表层的心理障碍做出积极的应对，进行自我调节，从而缩短顺利从学生向职业人角色转变的时间，能与工作伙伴进行最有效的沟通，顺利解决人际关系中的矛盾。

（2）知识目标。了解职业生涯和职业生涯规划的基本知识，理解职业生涯对人生发展的作用；理解职业生涯规划对促进大学生学业生涯发展的作用；理解大学生学业发展是职业目标实现的前提，掌握学业生涯规划的方法；掌握自我认知的内容和方法，理解职业兴趣、职业价值观对人生发展的导向作用；了解职业分类及发展趋势；掌握环境分析的方法；掌握目标职业群对人才的素质要求；掌握提高各种能力的方法；掌握职业生涯规划的步骤；掌握生涯决策方法；掌握撰写职业生涯规划文案的方法；按自己的职业目标（含行业、职业、地域搜集需求情况，通过需求做出初步的就业形势分析；掌握求职信的撰写和个人简历的制作方法；了解招聘测试的类型及应对技巧；掌握面试前要做好的准备工作；掌握面试过程和面试中的常见问题及应对技巧；了解毕业生求职过程中常见的心理障碍；掌握职业决策的方法；掌握培养积极心态的办法；了解学生与职业角色的区别；掌握快速融入职场的技巧；掌握职业发展所需的观念和能力。

（3）素质目标（含职业素质、道德素质、方法能力、社会能力等）。播撒职业种子，帮助学生确立职业意识，建立成才的目标，培养积极主动的心态；培养大学生积极主动探索自我的意识，并使其勇于面对真实自我，学会扬长避短，挖掘潜能；培养学生主动探索职业世界的意识，使其通过职业分析找出自己的差距，提高分析判断能力；通过对用人单位和生涯人物访谈，提高学生的沟通、协作和应变能力；培养学生的资料运用和决策能力；提高学生书面表达能力；锻炼学生的恒心；培养大学生信息利用能力；增强法律意识；提高分析问题和解决问题的能力；培养大学生对信息搜集和处理的能力；培养学生认真严谨的态度，提高学生的策划和文字表达能力；培养学生良好的求职面试礼仪和职业道德，提高学生的心理素质、沟通能力、情绪控制能力和学习能力；培养学生阳光的心态，提高学生的决策能力、心理承受能力和心理调节能力；培养大学生良好的工作习惯，提高沟通、团队协作以及职场商数能力。

三、高校职业生涯教育课程的分层目标

高校职业生涯教育课程的分层目标，是指依据高校'职业生涯教育课程实施的时间段和不同年龄阶段对高校职业生涯教育课程的目标进行分层。按照课程实施的时间来分，高校职业生涯教育课程的目标可以分为：学年目标、学期目标、月目标、周目标以及具体活动目标。按照学龄阶段分层可以分为：大学一年级高校职业生涯教育课程目标、大学二年级高校职业

生涯教育课程目标、大学三年级高校职业生涯教育课程目标和大学四年级高校职业生涯教育课程目标。职业生涯教育是一个周期相对较长的教育过程，根据我国职业生涯教育滞后于经济和社会发展的现状，应该制订一套结合中国国情、有自身特点的长远规划。从国外的经验来看，职业生涯教育应分阶段进行。大学生职业生涯规划应包括评估自我、确定短期与长期目标、制订行动计划与内容、选择需要采取的方式与途径四个步骤。如按照学龄阶段分层，高校职业生涯教育课程目标可以分为：

1. 一年级试探期

大学一年级为试探期。学生通过测评工具和专业人员的辅导，进行自我评估和寻求职业目标；与职业生涯顾问、辅导员、导师以及学长学姐进行交流，初步了解自己未来所想从事的职业或与自己所学专业对口的职业；增加交流技巧，学习英语和计算机知识，争取可以通过计算机和网络辅助自己的学习；为可能的转专业、获得双学位、留学计划做好资料搜集及课程准备，多利用学生手册，了解相关规定。

2. 二年级定向期

二年级为定向期。学生以提高自身的基本素质为主，通过参加学生会或社团等组织，锻炼自己的各种能力；可以开始尝试兼职、社会实践活动，提高自己的责任感、主动性和耐挫折能力，增强英语口语能力，增强计算机应用能力；开始在导师的指导下有选择地加强专业课的学习或辅修其他专业的知识充实自己，并经导师的评估检测自己的知识技能。

3. 三年级冲刺期

三年级为冲刺期。学生临近毕业，目标应锁定在提高求职技能，搜集公司信息，寻找实习单位，并确定自己是否要考研；在撰写专业学术文章时，可大胆提出自己的见解，锻炼自己独立解决问题的能力和创造性，培养学术创新精神；参加和职业目标相关的社会实践，和同学交流求职工作的心得体会，利用校内外图书资源学习写简历、求职信，了解搜集工作信息的渠道，并积极尝试，加入校友网络，和已经毕业的校友、学长学姐谈话，了解往年的求职情况。

4. 四年级分化期

四年级为分化期。工作、考研或出国的主要目标要确立。大部分学生的目标应该锁定在工作申请及成功就业上。此阶段，可先对前三年的准备做一个总结。首先检验自己已确立的职业目标是否明确，前三年的准备是否充分；然后，开始毕业后工作的申请，积极参加招聘活动，在实践中检验自己的积累和准备；最后，预习或模拟面试。积极利用学校提供的条件，了解就业指导中心提供的用人公司资料信息、强化求职技巧、进行模拟面试等训练，尽可能地在较为充分准备的情况下进行施展演练。考研的同学应调整心态，不应盲目放弃就业，错失良机，应把考研定为现阶段的第一目标，就业为第二目标，两个目标并重，但时间分配上以第一目标为主，就业则要讲究策略。

第二节　高校职业生涯教育课程内容构建

虽然课程内容并不局限于知识，但知识的选择仍然是课程选择的一个重要课题，这个课题的根源似乎是哲学的范围，与它有关的问题主要是：什么是知识？什么知识最有价值？选择知识的取向有哪几种？知识选择是否是课程选择最重要的决定？早在 1859 年，英国的斯宾塞（Spencer）从功利主义角度，发表了一篇名为"什么知识最有价值"的文章，他认为课程的各门学科应对社会生存提供效用，并把学科安排为：获取生活自理；自我保持；社会关系和政治关系；抚养孩子以及文化等。在课程知识的选择上，大多数人都赞成学生应体验不同类别的知识，但是由于课程内容须从浩瀚的知识里加以选择，因此"什么知识最有价值"的问题便成为课程设计者所关心的焦点。

高校职业生涯教育课程在内容的选择方面也要考虑"什么知识最有价值"的问题，以及如何从浩瀚的知识中选择对大学生职业生涯规划最有价值的知识。笔者认为，大学生仍没有踏入社会，尤其对于刚刚入学的大学生来说，他们对自身的专业和学业仍不甚明了，因此，对高校职业生涯规划不同于一般的职业生涯规划，大学生职业生涯规划课程首先应该包括专业与学业的内容。此外，绝大多数大学生还没有接触过职业，没有从事过相关的工作，对职业的认识以及自己究竟适合什么职业这些问题仍比较模糊，因此，高校职业生涯教育课程内容的第二个方面应该是有关职业规划方面的知识。高校职业生涯教育课程的最终目的是帮助大学生在未来能够更好地就业与创业，因此，高校职业生涯教育课程内容的第三个方面是大学生就业与创业的相关知识。

一、专业与学业

(一) 专业

现代大学较传统大学之不同在于，一是大学中新科学精神的勃兴，二是大学世俗化、科层化和专业化的发展。知识专业是大学工作的基础，大学的工作任务与大学工作者是围绕着知识群而组合的。专业泛指专门学院或专门职业，如生产专业化、分工专业化、专业化经济，专业化制度等。科学地讲，专业是指学科分类和社会职业分工需要分门别类地进行专门知识教与学的基本单位。大学设置的专业是大学培养人才的需要。按专业设置组织教学、进行专业训练、培养专门人才是现代高等教育的重要特点之一。现代大学是按照专业招收新生并进行培养的。大学新生都非常清楚地知道自己所就读的是什么专业，但对自己所学专业的内涵与外延却可能不甚了解，很可能有的新生在自己所就读的专业面前感到有些迷茫。这都是正常现象，但如果任其发展而不及时加以引导，学生就会对个人的人生发展与规划产生消极的影响。因此，认识并了解自己所学的专业，并在此基础上激发专业学习的兴趣与热情，是大学生在大学生活过程中必须迈出的第一步，同时也是高校职业生涯教育课程内容的重要组成部分。

具体来讲，高校职业生涯教育课程有关专业方面的内容应该包括：专业的形成。专业的形成有其内在的必然规律，它与社会分工的发展、自然科学与社会科学的分化与综合以及高等教育自身发展有着极其密切的联系。②专业的分类。自中世纪的欧洲开始，大学开始分专业教学，培养专门的人才，专业开始进入高等教育领域。大学生应该掌握最基本的专业分类知识，简单了解各类专业应包含的相关知识和内容。专业发展的趋势。大学生职业生涯规划课程应引导学生了解当前专业发展的大致趋势，比如了解哪些是需求增长、职位较多的行业，哪些是需求大体保持不变的行业以及需求趋降的行业。从而使大学生能够正确看待冷门专业与热门专业、专业与就业之间的关系。另外，专业发展的趋势的教授，也可以使学生对自己所学专业的发展趋势有大致的了解，也可以帮助大学生选择合适的职业。

(二) 学业

大学生的学业是指在高等教育阶段进行以学习为主的一切活动，是广义的学习阶段，它不仅包括科学文化知识的学习，还包括政治、思想、道德、组织管理能力、业务以及科研和创新能力等的学习。学业是大学生立身之本，是大学生应当集中精力努力掌握的知识、能力、素质体系。具备和拥有好的学业，才会有好的就业、好的职业。研究表明，在学业生涯的起步阶段，由于人的可塑性较强，学业转换成本低，如果在这个阶段就对一个人的学业有准确定位和长远规划，将非常有利于今后的成长与发展。引导大学生进行学业规划的目的，是使每位大学生在校期间都有明确而具体的学习目标和素质拓展目标，以及实现目标的分计划路径设计，让每位大学生都能够成为一个有追求的人，让每位大学生通过自己的努力都能顺利完成学业，成为职场中有足够竞争力的人。因此，大学生的学业规划具有非常重要的意义，大学生职业生涯规划课程不应忽视学业规划方面的内容。

具体来讲，高校职业生涯教育课程有关大学生学业方面的内容应该包括两个方面：

第一，引导大学生树立正确的学业观。观念是行动的先导，要完成大学学业首先必须树立正确的学业观。所谓学业观，就是对所学专业、课业的态度和认识，它在很大程度上影响着大学生们的学习、生活乃至人生前景。大学生职业生涯规划课程应注意引导大学生正确处理学业与专业的关系、学业与职业的关系、学业与事业的关系以及学业与就业的关系等。

第二，掌握正确的学业规划。大学生学业规划，就是大学生根据自身情况，结合现有的条件和制约因素，为自己确立整个大学期间的学业目标，并为实现学业目标而确定行动方向、行动时间和行动方案。大学生职业生涯规划课程应引导大学生正确进行学业的规划。主要包括大学生学业规划的步骤，如学业规划的选定、学业规划的分解、学业规划的评估与反馈。另外一方面还包括大学生学业规划的方法。但需要注意的是，大学的核心功能是人才培养，而培养"独立人格，自由思想"的人才，则是大学人才培养的基本价值。因此，大学生职业生涯规划的课程内容应该给学生创造自主学习、自主生活、自主规划、自主管理的环境，尊重每个个体的选择。

二、职业规划

职业规划是高校职业生涯教育课程的重要内容。笔者认为职业规划方面的课程内容应包括职业探索、自我认识、职业理想、职业道德以及职业生涯规划等几个方面。

（一）职业探索

职业探索理论发展于 20 世纪 60 年代早期。最初，职业探索仅被视为一般的探索行为的一种。随着研究的深入，研究者对职业探索的定义逐渐丰富，主要形成了四种不同的界定。第一种也是最简单的界定源于职业选择和咨询的学习理论，将职业探索看作一种信息寻求行为或职业问题解决行为；第二种界定源于职业决策理论，将职业探索看作职业决策过程中的一个重要阶段，包括确认和评估各种可能的选择以及信息搜集行为；第三种界定源于职业发展理论，认为职业探索是一个重要的人生阶段，从 14 岁到 24 岁，包括各种职业发展任务，即固化、特别化并实施某一个职业选择。如今，研究者普遍认为，职业探索是一个复杂的心理历程，既包括对信息的寻求，也包括对自我和环境的认识，其目的在于实现职业目标。它涉及个体在内外动机的激励下，解释和重建过去和当前经验，并将之投鞋向未来的一系列认知和情感活动。

跨入高等院校的大门，人们实际上已经完成了人生道路上初步的职业选择。在大学里，大学生将根据之前选择的专业，系统地接受从事某种职业或生产活动所需要的专门知识、技能和职业道德的教育，已经从接受中学的普通教育发展到接受高等教育的阶段。什么是行业？什么是产业？什么是公司？什么是企业？什么是职业？了解这些问题将能够增强学习的主动性、针对性以及目的性，对大学生毕业后的职业选择和职业发展大有裨益。具体来讲，高校职业生涯教育课程有关职业探索方面的内容应该包括：

（1）与职业相关的概念。这方面的课程内容包括产业与行业的基本知识以及企业与公司的基本知识。

（2）有关职业的基本知识。这方面的课程内容应包括职业的产生与发展、职业的特点、职业的功能以及职业的分类。

（3）职业的发展趋势。在当代中国，由于农业社会、工业社会和后工业社会即信息社会的多元特征并存，社会分工的确具有许多中国特色，比较显著的一个宏观特征是，第一、第二产业的社会职业以消亡变动和重组为主，第三产业正迅猛发展，尤其是其中的信息产业，国外有人把它称为第四产业，可见信息产业的巨大潜力。大学生对职业发展趋势的掌握有利于今后大学生的正确的择业。

（4）正确的职业价值观。价值观是一种内心尺度，它凌驾于整个人性当中，支配着人的行为、态度、观察、信念、理解等，支配着人认识世界、明白事物对自己的意义和自我了解、自我定向、自我设计等，也为人自认为正当的行为提供充足的理由。大学生职业生涯教育课程应注重对大学生职业价值观的引导，帮助他们探讨在职业选择和职业生活中，在众多的价值取向里，应优先考虑哪种价值。

（二）自我认知

自我概念就是对自己的看法。学者希尔格德（Hilgard）认为自我概念是指我们反观自己性格和身体的一些方式。自我概念乃是个人所持有的特殊角度——是个人筛选与过滤事件，使结果听起来、看起来都能符合自我经验的参考架构。对于涉世不深且处于生理、心理急剧发展中的大学生来说，了解自己的生理、心理特征，科学地把握自己，是培养和保持生理、心理健康，促进人格完整，良好地选择和适应职业的重要保证。了解自己的职业兴趣、职业人格、职业能力等，知道自己喜欢做什么、适合做什么以及能够做什么，这有利于大学生了解自己与他人在职业发展上的差异，在职业选择上扬长避短，也将有益于大学生自身的健康成长。因此，自我认知是高校职业生涯教育课程的主要内容。笔者认为这一部分的内容主要包括：大学生的自我评估、职业兴趣、职业人格以及职业能力等。

1. 自我评估

著名的心理学家唐纳德·舒伯（Donard.Super）提出的自我认知理论认为：我们因能力、兴趣和个性而不同；每一种职业都需要一系列不同的能力、兴趣和个性的特征，每一种职业领域的工作者，他们与该职业的特征的吻合程度各不相同；每一个人可以胜任若干种职业；职业偏好、职业技能、我们生活与工作的环境以及我们的自我认知随着时间和经验而变化。上述因素导致我们随着我们的成熟和生活方式的变化而对职业做出不断的选择和调整。因此，大学生自身职业生涯的规划必须基于大学生对自己的认知以及对自我的评估。

"知己知彼，百战不殆。"知己者明，知人者胜。自我评估就是通过各种方式进行自我分析，认识自己，了解自己。它是职业生涯规划的起点和基础，不仅在职业活动开始之前很有必要，而且在职业活动中也十分重要。大学生只有认识了自己，才能对自己的职业做出正确的选择，才能选定适合自己发展的职业生涯路径，才能对自己的职业生涯目标做出最佳的选择。

因此，大学生自我评估的内容是大学生职业生涯规划课程内容的重要组成部分，它是大学生进行职业生涯的基础，关系到职业生涯规划的成功与否。大学生职业生涯规划课程关于自我评估主要包括大学生生理自我、心理自我、理性自我以及社会自我等方面的内容（见表4-1）。

表 4-1 自我评估的内容

评估项目	内　容
生理自我	主要包括大学生自身的年龄、性别、相貌、身体健康状况
心理自我	主要包括对自我的性格、气质、兴趣、意志、情感、能力等方面的优缺点的评判与评估
理性自我	主要包括对自我的思维方式与方法、知识水平、价值观、道德水平等因素的评价
社会自我	主要包括对大学生自身在社会上所扮演的角色，拥有的社会资源，在社会中的责任、权利、义务、名誉，他人对自己的态度以及自己对他人的态度等方面的评价

第一，生理自我。"生理自我"（Physical Self），简称"生理我"，是指一个人对自己的身体、健康状况、外貌、动作技能及性方面的感受。生理我是非常基车的一种自我概念，它对个人的适应能力与未来发展都有极深远的影响。由于每个人每天都必须与人、与环境有所接触，如果有正面积极的生理自我，一个人将能坦然并充满信心地寻求发展。

第二，心理自我。"心理自我"（Personal Self），简称"心理我"，是指一个人对个人价值与能力的评价。在日常生活经验中，通过尝试错误与成功的经验，人们会逐渐对自己的能力高低、擅长范围形成一个固定的印象，进而认为自己很强、很弱或中等。站在职业发展的角度来说，拥有一个良好的心理我是相当重要的，因为许多实验特别是目标设定的研究显示：个人对自我能力的评估会影响到他所设定的目标水准，进而导致截然不同的绩效表现。当认为自己能力是不错的，人们通常会制订比较难达到的目标，结果往往是虽然没有达成预期水准，但绩效仍远比认为自己能力差而制订低水准目标的人之绩效来得高。

第三，理性自我。好理想自我的认识，主要指对自我的思维方式和方法、知识水平、价值观、道德水平、情商等因素的评价。帮助大学生正确认识理想自我，是大学生择业的基础。

第四，社会自我。"社会自我"（Social Self），简称"社会我"，是指一个人在与他人交往过程中对自己的能力、价值的一种看法。对大部分人而言，社会我乃是天天都会影响自己的一种自我概念，因为每个人每天必须和他人交往。人际关系能力是每个社会人所必备的，其重要性不言而喻。而事实上，社会我会影响到一个人的人际关系的发展，当然发展结果也会反过来影响一个人的社会我，于是形成了良性循环或恶性循环。

2. 职业兴趣

兴趣是人积极探索某种事物的认识倾向，职业兴趣是有关偏好的认识倾向。职业生涯规划大师舒伯认为，人在 15 至 24 岁处在生涯发展的探索阶段。该阶段的青少年通过学校活动、社会活动或兼职工作对自我能力、角色和职业做探索，主要任务是使职业偏好逐渐具体化、特定化并实现职业偏好。大学生已经有了明确的职业方向，怎样培养他们对未来职业的兴趣是一个重要的问题。人的职业心理不是天生的，它的形成与所处的历史条件与环境、实践活动及其对自身能力的认识有密切的关系。

具体来讲，高校职业生涯教育课程有关职业兴趣方面的内容应该包括：第一，了解职业兴趣的分类。职业兴趣是一种认识倾向，不论人们是否了解某种职业的内在特征，都可能会对它做出是否喜好的评价，因此，它反映的往往是人对职业活动外部特征的认识。大学生应了解职业兴趣的分类以及清楚自己的职业兴趣。第二，职业兴趣的自我培养。职业兴趣的发展一定要经历探究、爱好和定型三个阶段，大学生职业生涯规划课程还要帮助大学生培养自己的职业兴趣。

3. 职业人格

人格是学生的各种心理品质和心理倾向的独特结合，是一个人区别于其他人的集中体现。人格也是一个人"典型性的行为方式"。也就是说，一个较成熟的人在各种行为中，总是要贯穿着某一种典型方式。可见人格在人的个性中居于核心地位。职业人格（Occupational Personality）是指人作为职业的权利和义务的主体所应具备的基本人品和心理面貌。它是一定社会的政治制度、物质经济关系、道德文化、价值取向、精神素养、理想情操、行为方式的综合体。它既是人的基本素质之一，又是人的职业素质的核心部分。职业人格是一个人为适应社会职业所需要的稳定的态度，以及与之相适应的行为方式的独特结合。职业人格是由个人的生活环境，所受的教育以及所从事的实践活动的性质所决定的。良好的职业人格一经形成，往往能使职业观成为一种自觉的行为表现，反映在行动上表现出自制力、创造力、坚定、果断、自信、守信等优良品质。健全的职业人格是人们在求职和就业后顺利完成工作任务，适应工作环境的重要心理基础。职业人格的培养是一个人的综合素质与外界社会环境对人们职业规范要求的有机统一过程，是一个复杂的系统工作，需要全社会的共同努力。

具体来讲，高校职业生涯教育课程有关职业人格方面的内容应该包括：第一，影响性格形成的因素。比如大学生的生理特征、家庭教育、学校教育以及文化传统等。

第二，职业人格的分类。1966 年，美国职业指导专家霍兰德（Holland）便提出，人们的人格是可以划分归类的，而某一类型的人格必定会对于某一类型的职业产生兴趣。依据霍兰德的职业理论，其核心假设是人可以分为六大类，即实际型、研究型、社会型、传统型、企业型、艺术型，职业环境也可以分成相应的同样名称的六大类。大学生需要了解不同的职业类型以及自己属于哪种类型。

第三，了解人格特征的方法。个人特征是大学生胜任未来职业的一个重要心理因素，应该让大学生了解一定的分析方法，从而科学地了解自己，一方面有利于大学生在校期间有意识地塑造自己的良好品德，克服不良的态度和行为方式，另一方面也有利于大学生适应未来的职业要求。

4. 职业能力

能力是顺利完成某种活动所必须具备的一种心理特征。从一个人从事的活动中，就能看出他是否具有某种能力，以及这种能力达到了什么水平。职业能力（Occupational Ability）是人们从事某种职业的多种能力的综合。例如，一位教师只具有语言表达能力是不够的，还必须具有对教学的组织和管理能力，对教材的理解和使用能力，对教学问题和教学效果的分析、判断能力等。如果说职业兴趣或许能决定一个人的择业方向，以及在该方面所乐于付出努力的程度，那么职业能力则能说明一个人在既定的职业方面是否能够胜任，也能说明一个人在该职业中取得成功的可能性。任何一个职业岗位都有相应的岗位职责要求，一定的职业能力则是胜任某种职业岗位的必要条件。因此，大学生在进行择业时，首先要明确自己的能力优势以及胜任某种工作的可能性。

具体来讲，高校职业生涯教育课程有关职业能力方面的内容应该包括：

第一，影响职业能力发展的客观因素，如生理因素、家庭因素以及学校因素等。

第二，大学生职业能力的自我培养。从学生的成就差异可以发现，具有相同智力水平的学生，后来的能力发展水平却可能截然不同，其原因主要是在校期间的主观努力不同。因此，大学生职业生涯规划课程应引导大学生培养自身的职业能力。

（三）职业理想

理想的分类有多重标准，依据不同的标准可以分出多重类型的理想。以理想的客体为标准可以划分理想类型，也就是从理想的内容上分类，理想有四种类型：生活理想、职业理想、道德理想和社会理想。中职业理想，是指人们对于未来的工作部门、工作种类等的向往和追求。它涉及一个人将来以何种职业谋生和发展，进而对社会做出自己的贡献，实现自身的价值。职业理想是社会历史发展的产物，它是随着社会分工的出现而产生的。在原始社会里，由于生产力十分低下，人们只能共同从事狩猎活动来维持生活，因而也就无所谓职业理想的存在。到了原始社会末期和奴隶社会，生产力有了一定的发展，脑力劳动和体力劳动开始分离，出现了农业、手工业、商业等不同的分工，在此基础上形成了各种不同的职业，从而给人们提供了选择职业的余地。职业理想就是在这种历史发展的背景下开始产生的。

在 21 世纪的今天，人才的竞争，不仅是在学历上，而且更多的是在劳动者素质上的竞争。如今在社会主义经济建设中，人们最大化地追求经济的发展，生活水平提高的同时，忽视了道德品质的培养，导致了整个社会道德水平的下降，而职业道德是劳动者在职业活动过程中应遵循的特定的职业思想和行为准则。面对这样的社会环境，作为一名当代大学生应该提高自身职业道德的培养，为以后正确处理职业内部、职业之间、职业与社会之间、人与人之间关系做好准备。

职业理想并不专属于大学生，但对大学生来说尤为重要。因为大学生的高年级阶段是想象十分丰富、对未来的工作部门充满着渴望和憧憬的重要阶段，也是对真理的追求、立志为祖国为人民多做贡献的重要阶段。因此，引导大学生科学地研究职业理想，有针对地对大学生进行职业理想的教育应成为大学生职业生涯规划课程的重要内容。

（四）职业道德

道德是社会学意义上的一个基本概念。不同的社会制度、社会阶层有不同的道德标准。所谓道德，就是由一定社会的经济基础所决定的，以善恶为评价标准，以法律为保障并依靠社会舆论和人们内心信念来维系的、调整人与人和人与社会以及社会各成员之间关系的行为规范的总和。职业道德是一般道德在职业行为中的反映，是社会分工的产物。所谓职业道德，就是人们在进行职业活动过程中，一切符合职业要求的心理意识、行为准则和行为规范的综合。它是一种内在的、非强制性的约束机制，是用来调整职业个人、职业主体和社会成员之间关系的行为准则和行为规范。它通过公约、守则等对职业生活中的某些方面加以规范。职业道德既是本行业人员在职业活动中的行为规范，又是行业对社会所负的道德责任和义务。目前高校对大学生的职业道德教育在高校德育中是一个相当薄弱的环节，其形势不容乐观。在目前高等学校教育中，普遍存在轻德育重智育的现象。学校注重对大学生专业技能、专业知识的培养，而对学生思想道德素质的培养却没有给予极大的关注；而相对于智育处于次要地位的德育，又存在着轻道德品质教育，重思想政治素质教育的现象。学校德育注重大学生无产阶级政治观、马克思主义世界观以及社会主义信念的培养，而对学生修养教育和道德品质重视不够。而在这已被忽视的道德品质教育的过程中，又存在着重日常行为规范教育而忽视传统文化教育、职业道德教育等其他思想道德教育的现象。

（五）职业生涯规划

职业生涯规划与管理学说起始于 20 世纪 60 年代，于 20 世纪 90 年代中期从欧美国家传入中国，并获得了一定发展。目前，职业生涯规划与管理已成为企业人力资源管理的重要内容，其对指导学生求职及未来职业发展也具有十分重要的意义，是大学生取得未来职业生涯成功必备的知识和技能。大学时期正是个人职业生涯早期的学习探索阶段，属于学习生涯结束期和职业生涯开始期。在这一交替时期，个人应认真地探索各种可能的职业选择，对自己的天资和能力进行现实的评价，并根据未来的职业选择做出相应的教育决策，并最终完成自己的初次就业。在这一时期，合理规划职业生涯之路，不仅有助于缩短职业适应期，减少职业试错过程，而且对今后的职业成功及对社会的贡献都有很大帮助。因此，职业生涯规划是高校职业生涯教育课程的重要内容之一。具体来讲，高校职业生涯教育课程关于职业生涯规划的课程内容主要包括：

（1）职业生涯规划的实施。一个好的职业规划是一个发展良好的职业生涯的开始。一个好的规划可以让大学生高效率地安排自己的时间、精力、金钱和技能，达到事半功倍的效果。因此，职业生涯规划的实施程序是大学生应该掌握的基本知识。一般来讲，职业生涯规划的实施步骤主要包括自我评估、就业环境的评估、收集相关职业信息、确定职业生涯目标、实施职业生涯策略以及反馈评估。

（2）职业生涯规划的调整。职业生涯规划不是一劳永逸的。事物都是处在运动变化中的，职业生涯规划也要随着时间的推移而变化。大学生正处于对自己、对社会的认识之中，自身的价值观也处于形成时期，加之现实的种种不确定因素的存在，原来制订的职业生涯目标有时会与实际情况有所偏差，这就需要及时对规划做出调整，从而保证个人的职业生涯顺利发展，并最终实现人生的最高理想。因此，调整职业规划的时机和调整职业生涯规划的注意事项都属于高校职业生涯教育课程的内容。

三、就业教育

所谓就业教育，就是以充分就业和满意就业为目标和指向，培养大学生冷静分析社会经济发展态势和自身特点的能力，树立正确的就业价值观，不断开拓创新、勤于实践、勇于磨炼，提高他们的核心竞争力，使他们的知识、能力在社会中得以最大程度的发挥。它既是大学自身为提高办学效益的必然追求，又是大学生自身获得投资收益的应然性追求。当前我国的高等教育正在由"精英教育"转向"大众教育"，大学生就业面临着新的形式，进入了一个新的阶段。与经济体制改革相适应，我国的大学生就业制度经历了国家的统包统配、过渡性的改革、双向选择、自主择业几个阶段。面对竞争越来越激烈的就业环境，大学生往往将注意力集中在收集资料、寻找单位、准备面试等方面，而忽视了与之密切相关的市场规范、就业形势、就业政策制度以及就业应具备的情商、德商、科学精神以及创业教育等方面的知识的掌握，这不利于大学生求知择业的顺利进行。因此，大学生职业生涯规划课程必须包含有关就业教育方面的内容。就业教育方面的内容是多方面的，其中主要包括就业情商教育、就业德商教育、科学精神的培养、创业教育以及就业形势与就业政策等。

（一）就业情商教育

情绪商数（Emotional Quotient），是一种自我情绪控制能力的指数，由美国心理学家彼得·萨洛维（Peter Salovey）于 1991 年创立，属于发展心理学范畴。情商是一种认识、了解、控制情绪的能力。如今，人们面对的是快节奏的生活、高负荷的工作和复杂的人际关系，没有较高的情商是难以获得成功的。情商高的人，人们都喜欢同他交往，总是能得到众多人的拥护和支持。同时，人际关系也是人生重要资源，拥有良好人际关系的人往往能获得更多的成功机会。

良好的就业情商并非一朝一夕之功，它需要长期的心理锤炼、文化熏陶、意志磨炼以及知识积淀。在竞争日益激烈的就业过程中，大学生们遇到的各种非智力因素越来越多，越来越复杂。因此高校生涯规划课程的内容中必须包含对大学生就业情商的教育内容。大学生就业情商的培养应该注意以下四个方面：自我控制能力、协作精神的培养、耐挫折能力以及适应能力。

1. 自我控制能力

美国心理学家南迪·内森指出：一般人的一生平均有十分之三的时间处于情绪不佳的状态，每个人都不可避免地要与消极情绪做持久的斗争。心态是人们真正的主人，要么你去驾驭生命，要么是生命驾驭你，而你的心态将决定谁是坐骑，谁是骑士。大学生在就业过程中可能会遇到不如人意的事情，而通过自我控制、自我调节可以舒缓情绪，调节心情，特别是有效防止不冷静时所做的关于就业的错误决策和举动。

2. 协作精神的培养

协作精神的培养是就业教育的一项重要内容。大学生在就业过程中面临着竞争，但必须明确的是竞争与协作是相辅相成的。提高大学生的协作精神，必须注重平时的教育，通过日常的小事或者创造模拟情景，使大学生能够形成良好的协作精神。

3. 耐挫折能力

耐挫折能力是一个人在受到外部或内部困难冲击时的一种自我意识的防卫心理及行为。如果一个人的耐挫折能力很差，那么他在遇到困难时心理就很容易被摧垮，从而导致自暴自弃。反之，耐挫折能力强的人，就算遇到再大的困难也能应付自如。大学生就业遇到的种种困难既是一种不幸，又是人生际遇中的幸运。遗憾的是，往常的大学生职业生涯规划课程往往忽视了对大学生耐挫折能力的培养，导致部分大学生抗压能力较弱，当他们面临就业困难时，会出现精神压力大、自暴自弃等情况。大学生职业生涯规划课程应该帮助大学生加强耐挫折能力，这不仅是为了增加大学生就业成功的信心，也是希望他们在漫长的人生旅途上能够理智地面对挫折，走好人生的每一步。

4. 适应能力

在校大学生是社会上一个比较特殊的群体，他们所处的年龄阶段是人生中较为敏感、不太稳定的时期，而社会对于他们来说已近在咫尺。这个时期的大学生，表面上看身体的各种机能都已日臻成熟，而实际上他们的内心却非常的脆弱。习惯了校园生活的他们在即将涉足社会的时候，往往准备不足，内心会产生烦躁不安的情绪，严重的甚至会患上社会不适应症，持续出现焦虑、压抑、愤怒、狂躁等不良情绪的反应，从而导致疾病发生的可能性进一步提高。大学生职业生涯规划课程应注重培养大学生的适应能力，教师应鼓励学生主动参与社会活动，注重大学生人际交往能力的培养，鼓励他们主动面对现实生活中的各种挑战。

（二）就业德商教育

MQ 是英文 Moral Intelligence Quotient 的缩写，它的中文意思是道德品质商数，简称为德商。德商是用来衡量一个人道德品质高低的重要依据。神经认知语言学创始人、美国耶鲁大学语言学博士悉尼·兰博（Sydney Lamb）创立的 5Q 多功能教育体系中，同时强调了 5 种促进人类走向成功的能力。他们分别是智商（Intelligence Quotient）、德商（Moral Intelligence Quotient）、情商（Emotional Intelligence Quotient）、财商（Financial Quotient）和逆商（Adversity Quotient）。

德商在大学生就业过程中具有十分重要的作用，它决定大学生的未来人生是上升还是下滑。当大学生圆满完成学业时，德商的高低便成为左右其就业的关键，成为其参与社会竞争的核心能力之一。大学生的道德水平不仅左右了其就业能力，从更加宽泛的视野看，它对社会经济发展的影响也是十分巨大的。道德的重要性已经渗透到社会的各个角落。就业德商就是大学生在就业过程中道德水平的外显。就业道德作为维系社会人才市场存在和运行的一种内在于人们良知的要素，规范着这个社会中每个求职者的行为，也作用于社会的安全信用机制。而一旦出现了就业道德虚无倾向，大学生便首当其冲。因此，就业德商教育就是要将道德教育渗透到整个就业教育中。大学生职业生涯规划课程应注重培养大学生的就业德商，使大学生逐步形最诚实守信、忠于职守、吃苦耐劳、奉献社会的高尚道德情操，并逐步将其内化为一种无意识的行为，即习惯行为。

（三）培养科学精神

所谓科学精神，主要指一个人对科学有着积极的追求，对事物具有科学的态度和行为倾向，具有科学的思维习惯、实事求是的精神、对合理性的坚持等品质。科学精神在科学发展乃至整个社会进步中具有极其重要的意义。

第一，科学精神是科学发展的重要动力，科学精神意味着个体对科学的执着追求，而对科学的追求乃是个体成为科学家、进行科学探索的内在动力。

第二，科学精神能够提升社会文化价值的层次。社会文化价值代表着人们的价值追求的主流。如果社会多数人具有强烈的科学精神，即以科学探索作为自己的价值追求，那么就会形成这样一种社会文化价值：把科学探索作为人生的重要追求之一。

第三，科学精神是维持和促进社会正义、社会公正的一个重要因素。这是因为，科学精神强调实事求是，崇尚理性，即以合理的尺度去看待和处理各种社会事务，进行各种社会活动，而不是以狭隘的个人利益标准或以狭隘的人际关系为准则。

科学创新精神是科学精神中最重要的内容之一，是大学生就业必须具备的基本科学精神，在此基础上，大学生能够见微知著，敏锐地发现市场空间，创造各种有利条件，抓住机遇。对于系统接受高等教育的大学生来讲，他们应该具备基本的科学精神和科学素养。大学生职业生涯规划课程也不应忽视对于大学生科学精神依培养。大学生只有具备了最基本的科学精神和科学素养，才能具备良好的逻辑思维和严密的推理能力，才能正确认识就业、创业、择业等相关的知识，为大学生自身的职业生涯规划奠定基础。

（四）创业教育

创业教育已成为世界教育发展和改革的新趋势。美国的创业教育经过近半个世纪的发展，已形成一个相当完备的体系，涵盖了从初中、高中、大学本科直到研究生的正规教育。美国政府十分重视创业教育，而创业教育及创业精神的倡导对美国经济的快速发展起到了不可估量的支撑作用。创业教育在其他国家也得到发展。德国、英国和日本等国都提出并鼓励大学毕业生创业，提高社会生产力和竞争力。知识经济时代，高科技产业的发展将成为一国竞争力的主要决定因素，而高科技产业的发展不仅需要大批具有创新精神和创造力的人才，更需要一个完整的创业体系的支撑，创业已经成为经济发展的原动力。

我国的创业教育处于初步阶段且发展迅速。短短几年，我国大学生涌现出一股创业潮，开展创业教育正成为高校的热点。随着我国加入世界贸易组织及北京奥运会的成功举办，我们正面临着巨大的发展机遇和众多的投资机会，将会有更多的大学生走上创业之路，这对促进我国经济建设有着不可忽视的重要意义。然而，由于我国社会创业环境不尽如人意，大学的创业教育还处于摸索阶段，大学生的创业意识和创业技能不强，选择方向出现偏差。因此，大学生职业规划生涯课程应重视对大学生的创业教育。不仅应把创业教育看成是创新教育与素质教育的重要体现，同时应把它上升到转变传统教育观念、改革传统人才培养模式的高度，将培养大学生创业精神和创业技能、提倡和鼓励大学生自主创业以及为大学生创造新的就业机会和就业岗位，视为缓解社会就业巨大压力、解决社会矛盾和保障经济社会稳定发展的重大举措。

具体来讲，高校职业生涯教育课程有关创业方面的内容应包括：

1. 创业的准备

创业是一项艰苦的系统工程，它包括在现有的用人单位创业，也包括大学生毕业后的自主创业。这里的创业准备，主要是指大学生自主创业的准备。创业者在创业之前必须做好各种准备工作，准备越充分，创业成功的可能性就越大。创业准备的主要内容是分析创业环境和创业市场，培养大学生的创业能力，形成创业构思。

2. 创业素质与创业方式

创业素质是创业者创业实践前所经历的物质和精神力量的聚集过程，它不仅有助于创业者明确创业目标，积极把握创业机遇，进行有效的创业决策和将创业计划付诸实施，而且为创业者在创业过程中克服各种困难、战胜各种挫折、解决各种问题、增强心理素质提供了有效手段。因此创业素质对创业者的成功起着决定性的作用。自己创业与供职于其他公司不同，除了要付出艰苦的努力外，还要具备许多条件，尤其是资金的因素，其决定了大学生经营企业的组织形式、范围和经营方式等，这些都是大学生创业应具备的基本知识。

3. 创办私营企业的法律规定

大学生进行创业首先应该了解国家关于创办私营企业的一些法律规定，做到依法经营。这些法律规定主要包括：私营企业的概念、特征和分类；创办个人独资企业的法律规定；创办合伙企业的法律规定；创办有限责任公司的法律规定等。

（五）就业形势与政策教育

具体来讲，高校职业生涯教育课程有关就业形式与政策教育的内容应该包括：

1．就业市场

高校毕业生就业市场按其表现形式分为有形市场和无形市场。有形市场具有固定的场所、具体的时间与地点、特定的参加对象等。无形市场一般不受具体的时间和空间的制约，主要指网络就业市场。大学生了解就业市场的分类及具体形式有助于他们选择正确的就业市场。

2．就业形势

"就业"是大学毕业生面对市场进行自我定位从而自主选择职业的过程。在中国，"婴儿潮"和"大学扩招"导致大学毕业生数量激增，该群体面临的就业压力逐年增加并被赋予了多层次的社会意义。通过宏观层面的分析不难看出经济的快速发展和产业结构的不断调整导致了人才需求的变化，新职位的涌现及对人才的渴望和需求在不断增加。高校虽然在扩招，但学科的重复建设以及扩招过程中与市场需求的错位，都在客观上增加了就业难度。就业市场供求双方的信息具有不对称性。高校因自身体制限制而对行业发展和市场要求的反应迟缓，在很大程度上增加了大学生就业的难度和压力。因此，高校职业生涯教育课程有必要让学生了解当前的就业形势，便于其有效应对大学生就业的机遇与挑战。

3．就业政策

传统大学毕业生的就业采用以行政手段为基础的分配方式。随着高校扩招，大学生就业越来越成为一个重大问题。面对严峻的就业形势，国家出台了一系列重要举措以促进高校毕业生就业工作的开展，为高校毕业生就业创造良好环境。如《普通高等学校毕业生就业工作暂行规定》《关于引导和鼓励高校毕业生面向基层就业的意见》《关于进一步深化普通高痔学校毕业生就业制度改革有关问题意见的通知》等。另外，大学生还应该学习诸如《中华人民共和国劳动合同法》《中华人民共和国劳动法》等相关法律规定。

第三节　高校职业生涯教育课程实施策略

一、师生共同参与策略

课程实施是课程研究的重要组成部分，课程理念、课程结构与课程内容转化为有效的课程实践；教师的参与以及投入程度是关键。因为课程实施是预期课程如何转化为实践的过程，在课程实施过程中，教师发挥着至关重要的作用。作为实施课程变革的主体，教师自身的专业发展影响课程实施的效果。在课程发展过程中有教师的参与，通过交流沟通吸引其他一线教师使用，这样开发的课程可能会更易懂、清晰，便于其他教师接受和理解。高校教师相对于中小学教师具有更大的课程自主权。因此，对于促进学生"职业生涯发展"的描述仅是课程目标中的最低要求，教师可以依据自身专长并结合学生个体发展的特质，在教学过程中发挥更大的自主权。

　　教学活动不能缺乏学生的主动参与，成功的教育也必以对学生的认识为前提。"以学习者为中心"的高校职业生涯教育课程始终强调结合学生个人特质进行有针对性的教学活动与咨询辅导。"每个学生都有自己的课程，学生参与课程的开发，发挥学生的主体性问题更显重要。传统的课程观从问题出发到问题的最终解决，都没有考虑学生的因素，学生是置于课程开发之外的，在当前，课程观背后隐藏的哲学理念是以人为本，即以学生为本，目的的指向是学生的自由和解放。这样，学生成为课程的有机构成部分，成为课程的创造者以及课程的主体，学生也融入课程的开发过程中，将自己的生活经验和学习活动参与到对课程的体验与重构，从而寻找并构建自己的课程。"[①]目前，多数大学生希望高校能够为他们提供职业生涯规划服务。通过专业指导员的引导，挖掘自身特点，在形成客观的对自我认知的基础上，学生了解自身需要发展和锻炼何种专业技能。因此，鼓励学生参与，也是解决当下高校职业生涯教育课程学习与职业实际相脱节问题的方法之一。大学生以课程主体的身份，基于个体特质和经验参与到课程开发当中，通过与课程文本进行对话，使高校职业生涯教育课程在融合的视域中生成新的意义。

二、体验学习策略

　　体验学习（Experiential Learning）的思想最初来自美国著名教育家杜威（John Dewey）的"经验学习"。经验是实用主义哲学的核心概念，杜威认为，"经验包含一个主动的因素和一个被动的因素，这两个因素以其特有的形式结合着"[②]。这两个因素就是体验（Experience）和承受（Undergoing）。体验是为求得某种结果而进行的尝试，承受是接受感觉或承受体验的结果。

[①] 靳玉乐. 教育概论[M]. 重庆：重庆出版社，2006：136.
[②] 李坤崇. 综合活动学习领域教材教法[M]. 台湾：心理出版社，2001：256.

也就是说，只有当主动的尝试和被动的承受结合在一起的时候，才构成经验。杜威当年就认为经验有两种不同的方式，一种是"有经验"，一种是"认识经验"。前者是对生活事件的即时接触，后者是对这个事件的继续解释。因此，体验也有两个层面：一个是原始体验，即通过随机反思所产生的体验；另一种是第二手体验，也就是指通过"系统性思维的干预"而产生"反思性"体验。这两种体验之间并非简单的单向线性关系，因为不仅第二手体验的事物可以解释原始体验的事物，而且原始体验的事物可以解释第二手体验的事物，并且有可能提炼、升华、理论化。当然，对体验的理解还是见仁见智的，如保德等人认为，体验是人们对其经验的评判、思考及其与其他经验的联系。他认为，要保障人类经验的传承和改造，学校教育就必须为学生学习知识提供一定的材料，而他们要真正获得真知，则必须通过运用、尝试、改造等实践活动来获取，这就是著名的"做中学"。按照杜威的思想，只有通过具体的"做"，才能达到改造个体行为的目的。职业生涯教育课程是一门强调让学生通过工作体验与实践，形成自我认知与规划能力的课程，因此，对工作世界的了解与职业尝试对于尚无社会化经验的大学生来说至关重要。职业生涯教育课程的实施过程，强调学生在实践过程中学习，让学生在.体验过程中理解和掌握知识和技能，并学会运用这些知识和技能。体验是指通过亲身经历，认识周围的事物。在不少词典中"体验"被理解为"体察、考察、在实践中认识事物"。心理学领域中的"体验"通常表示人们在经验获得及行动变化过程中的心理感受、情感体验、认知顿悟、反省内化的心理活动。教育学界多认为体验以亲身经历的实践活动为基础，又是对经历、感受、认知和经验的升华。

职业生涯教育过程中的体验学习与学科课程中的体验学习有所不同。学科课程教学中也有体验学习，但大多数以验证学科知识为主要取向，如实验课具有较强的体验性。职业生涯教育课程中的体验，在更宽广的空间里让学生经历知识和自我认知的形成过程，把握实践性、社会性的技能技巧，体验的方式更加灵活多样，而不局限于实验室，体验的时间更长，更富有弹性，习得的经验与养成的职业生涯规划能力将贯穿于人的整个生涯当中，而不满足于理论讲解在先、实践检验在后的固定程序。职业生涯教育课程的体验过程，从某种意义上是还原知识技能的形成过程，以帮助学生更好地理解、把握、认清自身特点，树立正确的职业观念，形成职业生涯规划能力。但是，这种还原不会和人类发现知识与技能的过程完全相同。职业生涯课程的体验过程，始终是在既定的课程目标引领、教师指导下发生的实践活动。作为课程目标的理论和实践知识，是经过教育学"过滤""整合"的，因此，职业生涯教育课程实施是一个特殊的"体验过程"。例如，美国佛罗里达大学在学生进入大学三年后，学校帮助学生对自己感兴趣的行业中的具体职业进行实际体验，从而在具体工作实践中积累实际经验并形成职业认知。在这一过程中，指导教师向学生提供职业实习的相关信息、各种途径和必备条件等，并且鼓励学生主动参与与职业尝试相关的活动，使他们能够通过实践体验明确个人奋斗目标，调整行动方案。

三、实践学习策略

在课程中，理论知识与实践知识、认识过程与实践过程不可能处于同等地位，必然有所侧重，这也是教育多样性和差异性的体现。在高校职业生涯教育实践中，理论知识被编制成结构化的教材，并有明确的授课方法和评价方式；相比之下，实践知识在整个课程体系中始终是很模糊的。事实上，关于实践知识的内容很少被研究，更谈不上重视，自然，相应的质量保证体系也不可能建立，这些都使得职业生涯教育课程明显地突出了理论知识的地位。高校职业生涯教育的教学模式的着眼点更多的是在理论知识，而不是实践过程。学生头脑中所建构的课程知识实际上是以理论知识为核心而不是以实践需要为核心。在这种课程框架中，学生通过学习所建构的理论知识是完全脱离实践意义的，不论是对整个课程结构而言，还是对某一具体理论知识的学习而言，都是如此。长久以来，学校为人诟病的是：学生不能将学校所学与生活经验结合，亦即学校教育与学生产生隔离现象。多数在校大学生缺乏社会阅历与工作实践，这使在初次步入职场的大学生可能好高骛远，在制订职业生涯目标时具有盲目性，又有可能敝帚自珍，无法全面发挥自身能力和优势，因此，提供一个有助于强化学生问题解决能力的学习环境，是职业生涯教育关注的问题。

（一）案例分析

案例教学法是基于情境学习理论，借助具有多元表征的潜在价值的案例，引导学习者进入科学探索和反思的学习历程，通过尊重、倾听的批判思考对话，协助学习者建构跨学科领域的知识，强化学习者主动参与学习的行为动机。案例教学法让学习与真实生活充分结合，落实以"学生为主体，以生活经验为重心"的教育理念，提升学习者反思、问题解决及对策的能力。案例教学法源自于医学教育的问题导向学习，是以学习者为中心的合作学习，跨学科领域的学习架构，强化学习者主动参与的学习行为，其中真实的问题帮助学习者将所学的内容与真实的生活连接，在教学活动中，教师是引导者、协助者，而学生是学习的主导者，因此，案例教学法不仅影响学习者的学习，同时也影响教师的教学，促使教师思考学习者的学习、课程的架构与组织、案例探究与教学内容的关联性以及学科统整等问题。因此，案例教学法被视为解决理论与实践之间落差的有效方法，不仅可以传播讯息，亦可以激发学习者讨论与辩证的动机，可以培养学习者高层次的思考能力、问题解决能力、评价能力及在真实情景中的决策能力。高校职业生涯教育课程本身有着很强的实践性，而案例分析教学通常从具体的实例和问题入手，分析和寻求解决问题的办法，贴近学生在就业过程中遇到的实际问题，紧密结合当前就业情况，具有很强的针对性，所以，职业生涯教育课采用案例教学的方法能够更直观地为学生做好具体的指导，引导学生进行思考，从而取得举一反三、触类旁通的效果，有利于学生就业能力和综合素质的提高，更好地实现职业生涯教育课程的目标。目前，各高校职业生涯教育课程中非常强调案例教学，但在具体教育实践中，这种理论与实践相结合的有效教学法实施效果并不理想，究其原因，在于各学校对于案例的搜集与整理不够重视，缺乏具有针对性、代表性的案例材料。所以在高校职业生涯教育过程中，要对失败经验进行反思，在课程实施过程中运用案例教学法，使其成为职业生涯教育方式的特点。

（二）榜样示范

关于榜样教育的概念，目前我国学术界还没有完全一致的认识，有些学者认为"榜样教育是以崇高的思想、优异的成就、模范的行为教育影响受教育者的一种方法"[1]，有的学者认为"榜样教育是教育者根据教育的目的和受教育者的身心发展特点，选择相应的榜样，启发、引导受教育者模仿、学习榜样的行为习惯、知识技能、思想品德的过程和方法"[2]。研究表明，"通过对榜样的学习，个体行为可以得到强化、削弱或促进"，"模仿学习对于人们学习新的行为方式时发挥十分重要的作用"。这些积极研究结果表明，榜样教育是一种行之有效的教学方法。关于榜样的价值问题，有两种主要观点：一是"行为模式"说，社会学习理论是其理论基础，强调通

---

[1] 王俏华. 论我国榜样教育中的道德问题[D]. 上海：华东师范大学，2011.
[2] 岳晓东. 论偶像——榜样教育[J]. 中国教育学刊，2004（9）：17-22.

过榜样的具体活动展示其特有的行为模式，而榜样是他人模仿性行为的标准，通过榜样学习，他人通过模仿获得适当的行为模式以及社会技巧；二是"人格力量"说，认为榜样内涵的崇高的价值取向下所呈现的思想境界和道德情操，对于他人具有巨大的精神激励作用。由此看来，榜样具有两种基本价值：示范价值与激励价值。大学生正处在青年中期，青年期是人的一生中生理心理变化最激烈的时期。在进入大学后，环境、生活、个人地位的变化等引起很多心理矛盾，而大学生的社会经验和认识水平又没有达到能够真正独立地、正确地调节自身行为的程度，这就出现了他们独立支配自己行为的强烈要求与行为结果相悖的情况。大学生可塑性大，模仿性比青少年更强，有了生动具体的就业与创业形象作为榜样，便容易具体地领会道德标准和行为规范，这样有助于他们养成良好的道德品质和行为习惯，明确自身发展方向，及早进行职业规划，为未来择业与就业打下坚实基础。

（二）创业教育

创业是源于商业领域的一个概念。随着商业活动的重要性在现代社会发展中不断提高，创业的重要性也不断被认识，并逐渐从商业领域进入高等教育领域，成为高等教育领域的一个重要研究主题。创业教育不仅可以作为高校职业生涯教育的课程模块，也可以作为一种课程实施的方式融入其他课程模块。国外高校在总结创业教育的实践经验中认识到，大学阶段学生需要掌握的不仅仅是课本知识，更重要的是职业视野和创业方向感，以及发现和解决实际问题的能力。例如，美国麻省理工学院设立的创业顾问服务中心为创业者提供咨询，该中心聘请"创业导师"义务为学生提供创业指导，内容主要集中在创业的实际操作层面。此外，麻省理工学院还积极组织各种创业组织和活动，包括创业工作坊、创业俱乐部等。其中，最具影响力的当属"100K 创业大赛"（即 10 万美元创业大赛），已成为全美高校中最负盛名的学生创业竞赛。墨尔本大学的学生可以到创业中心自由选修相关课程，并计入学分。创业中心的教师来自各个院系，还有一些客座教授和企业界人士。针对创业各个阶段所面临的不同问题，这里都有成体系的课程。英国剑桥大学创业中心面向全校学生开设"创业星期二"、星火计划、企业家课堂等诸多品牌培训项目。"创业星期二"活动是在每周二举行与创业相关的讲座和讨论，面向全校师生免费开放；星火计划是针对创业者设立的为期一周的培训计划；企业家课堂则旨在全面提高受训者的企业家精神。

四、合作学习策略

合作学习的理论，起源于 20 世纪社会心理学的研究。在 70 年代中期，合作学习兴起，80 年代中期逐步发展为一种课堂教学的策略。合作学习的内在美来自于通过相互依靠感受到与他人的联系，在于真诚地帮助和鼓励他人成功，在于尽自己的努力帮助小组，提供领导，加强联系，并思考如何使成员更有效地共同工作。在职业生涯教育教学中提倡学生的合作学习，一方面是因为，通过合作学习活动可以向学习者慢慢灌输一些重要的行为，这些行为可使他们今后在成人世界中进行推理和行事。这些行为主要包括：形成态度和价值，提供亲社会行为，提供其他视角和观点，建立一致和整合身份，促进批判性思维，推理和问题解决行为等。另一方面是因为，合作学习是从教学过程的集体性出发，针对传统教学忽视同伴相互作用的弊端，着眼于学生与学生之间的互动的普遍性，将合作性团体结构纳入课堂教学之中，构建以生生互动为基本特色的课堂教学结构，通过组织开展学生小组合作性活动来达成课堂教学的目标，并促进学生的个性与群性的协同发展。国外很多高校职业生涯教育课程实施都强调合作学习。例如，芝加哥大学职业生涯教育很重视团队学习，要求学生组成合作小组，按照相同的教学计划和进度完成课业。康奈尔大学要求学生除了提交一份个人职业生涯规划报告外，还要提交一份合作小组研究报告作为课程作业。当然，团队学习不局限于课堂之中，而是贯穿于高校职业生涯教育的整个过程。俄亥俄州立大学认为优秀毕业生对于在校生的激励作用十分重要，因此，该校设置了大学生"校友辅导"项目，为学生分享求职经历、交流职业信息、建立沟通关系提供一个平台。

五、情境教学策略

情境教学（Situated Learning）的概念最早由布朗（Brown）和科林斯（Collins）于 1989 年首次提出，此概念是根据近代认知心理学理论所发展出的一种教学模式，其基本假设是为了让学生直接在真实情景下，或是模拟真实的情境下学习，也就是在课堂教学中模拟现实环境，以便让学生能融入教学情境中，能更有效率地去学习。情境教学理论一经提出，就使研究教学的人们耳目一新。美国教育心理学家戴维·H.乔纳森赞誉说，以情境为核心的教学成功地引起了研究者的兴趣"，并且成为教学领域"光明前景的另一个信号。建构主义课程理论更是把"情境"作为一个核心概念来使用。情境教学理论认为：学习总是与一定的社会文化背景即"情境"相联系的；在实际情境下开展学习，可以使学习者利用自己原有认知结构中的有关经验去同化和索引当前学习到的新知识，从而赋予新知识以某种意义；知识是学习者在一定的情境即社会文化背景下，借助教师和学习伙伴的帮助，利用必要的学习资料，通过意义建构的方式获得的。情境教学理论认为凡是学生用其全部感官来亲自参与的直接经验与活动，他们都有很高的学习动机与兴趣，且由其亲身经历，自行发现学习内容，建构正确的观念，还可运用学习经验为基础，继续发展其他学习。所以情境教学首先应尽量包含学生经验的感受，也就是尽量让学生有直接经验来学习。具体到高校职业生涯教育，学校应积极创设环境，让大学生在真实情景中感受和体悟工作的意义和价值，明确自身生涯发展的方向。具体而言，职业生涯教育实施情境教学的策略如图 6-1 所示，并分述如下：

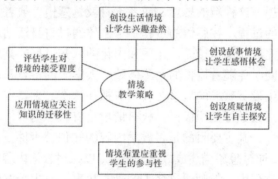

图 6-1　情境教学实施策略图

（一）创设生活情境让学生兴趣盎然

兴趣在现实生活中有着极其重要的意义，有时可以发挥"牵一发而动全身"的奇妙作用。兴趣可以指引人们朝着有意义而无功利的目标奋斗前行，在这一过程中使想象力、创造力、认知力迸发不止，继而获得事业的顺利进展并获得成功。正因为如此，有关兴趣的研究几乎存在于每一个心理学研究的领域。兴趣心理学就是要探究兴趣在认知、发展、教育、审美、情绪、动机、人格以及职业等诸多方面的表现、作用及其运作机制，并提出兴趣是如何在心理学广泛领域被研究的一个完整的情景。俗话说，百闻不如一见。利用生活情境引入教学的概念，其中最重要的目的就是降低某些概念的抽象性，使与概念相关的教学活动位于学生思维的最近发展区，使概念的认知符合学生的实际认知水平，让学生从心理上有认同感，让学生的概念相关知识的发展过程与认识过程能够自然地融合，使概念的教学过程显得更加自然。知识源于生活，生活中又充满知识。教师要善于从学生熟悉的实际生活中创设教学情境，让教学走进生活，让学生在生活中看到知识，接触知识，激发学生学习知识的兴趣。例如，美国肯塔基大学在教授霍兰德六种人格类型的特征和概念时，通过创设生活情境，将实际型、研究型、艺术型、社会型、企业家型与传统型人格特质在现实生活中的具体特征通过角色扮演的形式向学生呈现出来。学生通过在生活情境中的观察，确定自己是属于某一特定人格类型的人，继而明确自己的职业选择。

（二）创设故事情境让学生感悟体会

从学习论角度看，感悟是一种优化的学习之"道"，任何一个学生学习上的进步，都是由于其不同程度地建立了表现为外部信息和自身内部信息结合物的新思想。这种新的思想，或者本身就是感悟，或者它的产生需要经历一个感悟的过程。在感悟的过程中，主体通过自身活动对事物进行领悟，创造性地完成对知识接受、运用和内化的认知过程，其思维处于异常活跃的状态，同时伴随着愉悦的情感体验。大学生的特点是求知欲强，颇具好奇心。学生爱听有趣的故事，教师应抓住这个心理特点，激发学生的学习兴趣，提高其学习的积极性。故事情境是将教学内容情境营造成故事的教学方法之一，其主要目的是将教学内容的知识、事件、目标三者与环境之间的关系，通过想象描述成故事的情景，以探讨教学内容构想与主题。职业生涯教育过程中，教师通过名人的励志故事、杰出校友的求职历程等一些经典案例，让学生感悟和体会故事中人物的生涯历程，其基本原理是以学习者为导向，在教学过程中，不断以视觉化及实际体验的方法，引导学生参与，从学习者的角度，去评价故事的成熟度与周全性，以达到一个真实、充满感情并且能够打动学习者心灵的故事。

（三）创设质疑情境让学生自主探究

在教学过程中，教师有目标地创设或引入一个相关问题情境，充分利用意向，创设典型的场景，使学生能够产生身临其境之感，引起一定的学习心态和情感体验，扩大学生的知识视野，刺激学生思考的积极性。创设质疑的情境，就是在教师讲授内容和学生求知心理之间搭建一座桥梁，将学生引入一种与问题有关的情境中。问题是教学的心脏，问题是思维的起点，是思维的动力。学生在上课时，对老师提出的质疑情境有好奇心和求知欲。根据这一特点，鼓励学生自主发现问题、探究问题、解决问题，激发学生的学习兴趣和探索欲望，启发学生创新思维，如此便能达到良好的教学效果。例如，美国佛罗里达大学在职业生涯课程中的模拟面试环节，是以某次具体的求职过程为情境，创设质疑环境引导学生自主探究，学生必须在十月的第 3 周提出模拟面试的申请，而要求其在结束面试后提交一份 2 页纸的面试报告作为作业，内容包括：你认为自己的面试表现如何？面试过程中你的优势是什么？存在哪些不足？对改进整体形象有何建议？

（四）情境布置应重视学生的参与性

在我国的教学思想史上，从孔子的"不愤不启，不悱不发"到陶行知的"教学做合一"，众多教育家关于教学的论述中无不渗透着一定的主体参与思想。在国外的教学论流派中，无论是杜威的"从做中学"、皮亚杰的"主动自发教学原则"，还是罗杰斯提倡的"自我主导型"教学，主体参与思想一直贯穿其中。古今中外教育家的主体参与教学思想理当成为当今课堂教学的文化共识。而在传统教学中，大多数教师进行的是填鸭式教学，或者是师生单向的互动。这个过程实际上就是把知识直接灌输给学生，而忽视了学生获取知识的过程与方法，以及领悟能力，忽视了学生的主体作用。尽管目前国内高校职业生涯教育课程已经在许多概念的教学中增加了实例列举，但是很多时候只是一个简单的静态场景的描述或一些图片，对所要教学的概念本质反映不够深刻，不具有过程性，无法深入揭示概念的内涵。如果能选择一些具有动态过程的情境，必然能提高学生对概念认识的深刻程度，增强教学互动性，提供给学生一个更有利的学习概念的平台。

（五）应用情境应关注知识的迁移性

迁移理论是教育心理学介绍和研究的一个重要内容。迁移的广义含义为一种学习对另一种学习的影响。也有人认为，迁移是过去的学习经验对现在学习过程的影响；或是现在的学习对学生将来学习的影响。现实问题情境可提供学生解决实际问题的能力，这样的问题情境是引导学生自主学习的一个重要措施，也是培养学生创新能力的重要途径之一。在应用过程中，一方面，学生的知识和技能得到巩固和提高；另一方面，学生会遇到各式各样的困难，为了克服困难，学生必然要充分发挥自己的潜能，创造性地去解决问题，从而使自己的创新能力得到发展。此时教师应尽可能地创设应用情境，使情境教学与其他知识联系起来，提高学生运用所学知识的迁移性，提高解决实际问题的能力。

（四）评估学生对情境的接受程度

学生是发展中的个体，需要教师的点拨和同学的帮助。体验是个性化的行为，往往有失偏颇，个人的体验需要与他人讨论、交流。教学活动中创设学生获取知识的情境是至关重要的，同时也是培养学生创新能力的有效途径之一。再好的情境如果不能让学生接受，那也是徒劳无功，教材中反映的概念所选择的情境应该具有一定的真实性。理论性较强、抽象程度较高的概念，应直接以文字形式呈现，然后再举例或通过实际讲解来使学生理解掌握。

第五章 高校职业生涯教育与发展模式

第一节 大学生职业生涯规划教育模式的构建

对大学生开展职业生涯规划教育的意义在现今就业形势日益严峻的时代背景下显得尤为突出和重要。学生个体的需求、学校教育的责任以及社会企业的期望，三方的共同作用使得职业生涯规划教育的良性成长与发展变得迫切与必然。我国职业生涯规划教育起步较晚、发展缓慢，经过职业生涯规划教育者们十几年的努力，虽已形成相对完整的教育体系，但相对于社会形势的高速发展仍显滞后，无法完全满足高校学生和社会环境的日益多样化的需要。

一、构建社会全过程的指导教育模式

目前，我国大学生职业生涯规划教育没有形成符合我国国情的教育模式，在工作开展中存在教育过程片段化的问题。职业生涯规划教育，应本着对学生终生发展负责的态度，从长远职业发展着眼，构建一个社会全过程的指导教育模式。

所谓"全过程"，即职业生涯规划教育大学四年不断线，大学与企业合作不断链，形成系统连贯的教育体系与内容。职业生涯规划教育是系统工程，是一项科学、系统、全面、有计划的教育活动，要把职业生涯规划教育系统地、有计划地贯穿于大学时代和后大学时代的全过程。

构建社会全过程的教育模式要从全程式职业规划课程设置、实践培训基本建设、职业生涯规划网络平台建设、建立健全学校与企业合作机制等几个方面入手。

（一）全程式职业规划课程设置

对大学生而言，今天在读什么专业，学什么课程并不是至关重要的，他们最关心的却是毕业后将迈向何处。多数大学生在临近毕业时才考虑就业问题，然后在可能的范围内，以"他人也认可"的标准选择一份职业，

通常这份职业并不是自己的专业方向也并非自己的兴趣所在，当发现真正属于自己的职业方向时已过了大半人生。职业规划应是每个大学生从入学就应该深入思考的问题，同时，职业发展应贯穿于人的一生，因此职业规划课程也是一个长期的、系统的过程。

全程式的职业规划课程设置应跨度四年，贯穿整个本科专业课程的学习过程，以对学生进行分阶段、有侧重、循环渐进的全程职业生涯规划指导。可大致按本科专业学习分为四个阶段：第一阶段是试探期，主要是本科一年级，本阶段的教育目标在于使学生初步了解职业内容及职业生涯的含义，尤其是自己未来想从事的职业或所学专业对口的行业，并对自身的兴趣、性格、能力和价值观、个人生理与健康状况，以及智商与情商有所了解，对未来从事的职业有所期望，进而对其加深思考，确定初步目标；第二阶段是定向期，多数发生在本科二年级，老师在此阶段应帮助学生对自身的基本情况有进一步的了解，完善初级目标，结合自身实际情况，提高自身综合素质，发现并了解自己的"职业锚"，初步确定职业长期发展目标；第三阶段是冲刺期，即临近毕业的本科三年级前后，目标锁定在专业课中渗透职业指导的内容，提高学生求职技能，了解市场需求、搜寻企业信息进行市场预测，调整、完善职业生涯长期目标；第四阶段是分化期，重在使学生熟悉国家有关就业政策，对之前三个阶段的准备做一个总结，检验自己确立的职业目标是否明确，决定就业或继续深造。

（二）实践培训基地建设

大学生职业生涯规划教育实战培训基地是大学生接受职业生涯规划教育的"主战场"，是检验大学生职业生涯规划效果的"测试中心"，也是大学生开展职业生涯规划的"实践基地"。

在实战基地的建设中各高校应充分利用校内外资源，积极发挥各种现有教育载体的作用，充分整合校内课程体系、校外培训服务、高校心理健康咨询系统、高校学工系统等各类资源，构建大学生职业生涯规划教育的课程体系、校园文化活动体系、社会实践体系和个别辅导（咨询）体系。建成后的实战基地应该成为学校对在校大学生开展丰富多彩的素质拓展训练、职业角色模拟、团体职业测评、社会实践以及网络在线服务的多功能平台。

根据大学生职业生涯规划教育实战培训基地建设的指导思想，实战基地的建设主要包括以下几个方面：

（1）职业发展中心。职业发展中心（Career Development Center, CDC）是实战培训基地的首脑和中枢，是实战培训基地的常设办事机构，有固定的专职工作人员、高质量和稳定的师资队伍、办公场所及相关软硬件设备的配备。职业发展中心工作人员的角色是实战培训基地的组织者、情感的支持者、培训的参与者、信息的咨询者和职业规划的辅导者，这里将有一个职业规划辅导团队。

（2）职业测评系统。职业测评指的是应用心理测量技术，在职业领域对人的素质进行科学、客观、标准的系统评价，可以为组织和个体两个层面的职业管理提供参考依据。职业测评系统的功能是引导学生利用软件设备进行职业测评，对测评结果进行个体分析，并且反馈测评报告。该系统的建设，既可以在专门地点设置职业测评室配备有关的软硬件设备和师资，参评学生在取得人才测评师资格的老师的指导下进行测评，也可以在有关网站的服务器上装载支持在线测试的职业测评系统，参测学生通过互联网访问该网站进行在线职业测评，即时反馈测评报告，并由服务器系统记录样本供分析研究。

（3）职业规划咨询系统。本系统的功能是学生进行标准化的职业测评后，由具备职业指导师或职业规划师资格的老师运用职业生涯理论及技巧对其进行非标准化评估。本系统主要进行个体咨询，依据学生的测评报告和实际情况，探讨和澄清个体的职业兴趣、能力、性格及工作价值观，引导个体朝着合理、合适的职业方向前进。可进行兴趣测试、EU¬REKA 技能测验、MBTI 性格测验和"职业锚"价值观测验。可运用的工具包括 SDS自我探测量表分类卡、结构化的工作清单想象引导、发展清单、访谈、观察技术、工作追随等。

（4）职业生涯档案系统。本系统以职业测评结果为基础，以学生的主动性为前提，记录学生在校期间的成长历程，内容可以包括个人基本资料、成长经历、职业目标及修正记录表、成就感时间、大事记。本系统为检验职业生涯规划的实效性提供主要参考，并为学生的职业生涯规划提供自我对比和借鉴。

（5）职业心理素质与就业能力拓展训练营。首先，培训个体的职业心理素质要着重培养学生的积极心态、交往力、表达能力、抗挫折能力、心理调整能力和健全人格等六个方面。其次本系统将开展旨在提升就业能力的一系列培训讲座。比如针对许多学生就业需要考取相关认证（如物流师认证、注册会计师认证、网络工程师认证）的需要，开办考证专门辅导培训班。本系统的负责老师需要具备心理学背景，同时还需要整合校外培训机构的资源。

（6）职业体验和职前训练营（分基地）。本训练营主要为高年级学生准备。训练内容包括简历制作、求职礼仪、模拟面试、角色转换和社会适应性训练等。同时，本训练营通过有关渠道，协调安排学生到企业单位实习与实践，使学生在此过程中不光进行专业知识的学习，同时也对有关职业进行体验，检验并校正自己的职业生涯规划。通过本训练营和其他各系统的训练后，学生可以对自己所做的决策及实施进行检验，还可以运用认知信息加工理论进行检验提高。

（7）校友会。高校校友是一个人才济济的群体，校友资源是社会资源中最重要的资源。对这一资源的充分利用，将大大提高就业指导工作的有效性。在与校友的产、学、研合作当中，不仅能使校友所在企业获益，也促进了学校科研横向发展，形成了一个稳定的资金渠道，实现了公益、校企双赢的局面。

校友会还对学生的职业生涯发展提供服务基础。如以学生假期实践为载体，通过走访校友等活动，给同学们提供学习机会，同时增强校友的归属感。校友会的建立拓展了实战训练基地，为其提供了真实的工作环境。同时还可根据校友会的需要组织科研合作，设立奖学金等。

（三）职业生涯规划网络平台建设

网络已经成为现今大学生的一种生活方式，微信、微博、人人网、QQ、BBS、MOOC 是当今大学生获取信息的主要渠道。充分发挥大数据时代网络的强大作用，加强职业生涯规划教育网络平台（微信平台、微博平台等）建设，建立大学生职业发展跟踪调查网络体系，完善大学生职业发展咨询网络平台。用大学生喜欢的方式提供教育服务，实现服务手段"以人为本"。

在以市场为导向，为大学生创业、就业创造和谐社会环境的方针下，职业生涯规划网络平台为大学生与学校和企业之间的互动学习、思想交流提供了良好的沟通平台。

1. 名师讲座

为大学生开设职业生涯规划的辅导课程是系统教授职业生涯规划的重要性、基本理念、基本理论和操作方法的重要渠道。通过邀请校内外各行业领域专家或优秀校友做报告或讲座，实施典型引路、现身说法，是引导学生成功规划自己职业生涯的一条重要途径。

在报告或讲座中，培养学生的参与性和实践性，使其对自我的了解，对环境的了解以及对职业生涯目标的制定等环节在互动过程中得到基本训练，从而使学生能够较为独立地制订出自己的个人职业生涯规划。

2. 职前网络课堂

"全国大学生就业指导卫星专网"是借助现代卫星通信传播手段，覆盖全国高校的就业指导卫星专用网络。全年以现场直播的方式为大学生提供近百场就业指导公益讲座。大学生可以实时向卫星主播现场的就业指导名师提问、互动交流。

引导大学生加入教育部和航天科技集团联合开发的大学生就业指导卫星专网，充分运用现代信息技术，开展职业生涯规划辅导。

3. 网络论坛

网络内容丰富、交流平等，是满足学生个性化、多样化地接受指导和实现社会与学生、教师与学生、学生与学生交流的有效途径。学校职业生涯规划辅导机构（就业指导中心）运用网络优势设立网上论坛，以互联网为平台，可以让广大学生共享政策就业资源。需求信息资源、咨询辅导资源、测试技术资源和求职择业技巧资源。通过网站可以把握社会就业政策和方向，了解相关企业的用人信息及对人才素质的基本要求。在论坛上开展职业生涯规划的讨论，增强了大学生的主动性，能形成互动讨论的良好氛围。开展定期或不定期的自发性职业生涯规划集会，让学生尽情地对未来职业进行展望，也借此集会，认识自己的职业志趣、职业能力与个性特点。

（四）建立健全学校与企业合作机制

针对大学生职业生涯规划教育问题，学校与企业的合作体现在两个环节中，一是学生面向职业的实践环节，二是学生面向就业的职业选择环节。

企业可以在学生职业认知的实践环节向学生提供实践的岗位。当大学毕业生到企业就业时，用人单位与学生的相互预期存在巨大差异，各个用人单位一般都希望学生毕业参加工作以后就能够迅速解决工作中的技术问题，独立负责一方面的业务；而学生普遍希望工作单位能够提供一位"导师"和一段时间的培训环节，以便熟悉工作、熟悉社会。于是，用人单位和学生都将目光投向学校，希望学校能够提供一个环境对学生在毕业前进行职业训练。但由于学校场地和教师的限制，学校无法为学生提供全封闭的工作环境、应用型工程项目平台等全天候的项目训练空间。企业提供的实习分为职前实习和入职实习两类。职前实习是指对于一个准备就业的大学毕业生而言，他有接近一年的时间来找工作，在没有确定工作岗位之前可以参加学校和企业组织的任何一种实习、实训，直到找到合适的单位和岗位为止。职前实习一般为 2~3 个月的时间，权利义务相对比较模糊，管理困难大。入职实习是指一名学生确定工作单位之后，在从与用人单位签订三方协议，到正式报到上班的这一段时间内在用人单位进行的实习，时间一般从该学生找到工作到毕业为止。入职实习时间为两个月到一年不等，岗位相对固定，权利、责任、义务清晰，管理相对容易。

学生实践环节的最主要问题是经费和管理，学生所缴纳的学费以及国家所拨付的教学费用普遍不足以支持学生的长时间课外实习实训，而管理又牵扯到学校、企业和学生个人三方，法律责任问题复杂。所以，我国目前高等教育中的校外实践教育仍处于缺乏有效机制的"自发"阶段，许多根本性矛盾亟须研究和解决。

国家提供给大学生实践的相关经费，采取项目制方式，由学校和企业共同打造合适的大学生实习实训模式，然后向政府主管部门申请所需经费，以达到双赢的目的。

在职业选择环节的就业季，企业在学校的组织下直接向学生进行宣传，学校将企业进入学校的这种以招聘为目的的宣传称为"宣讲"。宣讲的场地由学校提供，内容由企业提供，经费由学校筹措，学校也可向企业收取一定的费用以弥补自己的支出。对企业而言，宣讲会的目的是挑选到合适的员工；对学校而言，宣讲会的目标是尽量把学生推荐出去。与以前的固定分配渠道相比较，这种通过"宣讲""供需见面"和与学生签订三方协议的就业渠道灵活性很高，但可靠性要低一些。这种模式受经济总体状况的影响较大，当经济发展较为健康时，学校里的"宣讲"和企业活动较为活跃；反之，当经济发展低迷时，学校能够收集和提供的企业信息也相对会降低。笔者设想，如学校能与用人单位签订长期用人协议，用人单位在较长一段时间保证其选用毕业生的专业、人数都大致相当，则大学生进行职业选择的稳定性将大大提升。

部分企业通过提供专门奖学金和赞助学生社团、学生活动来扩大影响。专门奖学金一般由企业冠名，由企业和学校共同制定评比标准，当奖学金评比结束后企业负责人前往学校为获奖学生颁奖。赞助学生社团和学生活动也一般以"冠名"的方式运作，由企业出资，在学生活动中出现企业的标志和企业文化宣传品，以尽可能让学生了解和认可该企业。

构建社会全过程的教育模式，加强大学生职业生涯规划教育，能帮助大学生认识自我、了解自我，有针对性地明确职业方向。在经过几年的成长实践后，使他们对什么感兴趣、在哪些方面有特长、自己将来要去做什么、通过哪些途径帮助自己去实现这个目标等各个方面都有比较正确的理解和定位，这样能促进他们适应人才市场就业竞争的需要和就业发展对人才的需要，实现顺利就业。

二、构建学校全方位的引导教育模式

虽然各大高校对大学生职业生涯规划与就业指导非常重视，但是仍然存在课程管理不科学、师资力量不专业、课程体系不完善、教材本土化不够、评价体系不健全等问题。要解决这些存在的问题，仅仅从课程改革本身出发是不够的，应该结合大学生职业生涯规划的价值分析，从课程环境建设、课程体系构建、师资队伍建设和学生就业观教育等方面入手，构建学校全方位的引导教育模式，提升大学生职业生涯规划教育的有效性。

（一）完善大学生职业生涯规划教育的社会环境

一个社会的制度、法律政策会决定人们的社会和文化心理，从而影响人们对职业生涯规划的态度。如果没有规则，偶然性因素就会左右事情的结果，职业生涯规划的科学性就得不到重视，因此政府要完善大学生就业服务体系，为大学生职业生涯规划提供合适的生存和发展的外部环境。

1. 健全大学生就业的法律法规

在已有的《劳动法》《就业促进法》《劳动合同法》《劳动争议调解仲裁法》等与就业有关的法律法规的基础上，进一步完善与大学生就业有关的内容。比如，制定大学生的最低工资标准，确保大学生在岗位需求不足的情况下个人利益不受到损害；鼓励毕业生到欠发达地区建功立业。目前，高校虽然有这方面的引导措施，但效果不明显，建议以立法的形式，采取价格补偿以及对毕业生本人及家庭的相关福利保障等措施来推进。

2. 完善就业保障体系

失业保障、福利保障和维权保障是与大学生就业相关的社会保障。2006年，我国出台了大学生失业的保障制度，但只有少部分毕业生能够被救助，大部分未就业的毕业生未纳入失业救助范围。建议建立针对大学生的失业救助津贴制度，采取中央和地方资金分担制，从两级政府的财政拨付。在福利保障方面，要提升社会福利的统筹层次，缩小不同行业或单位的福利差距，让广大毕业生没有顾虑，积极到非公有制企业就业或选择灵活就业。

3. 加大对大学生职业信息服务的投入

发达国家有专门的机构负责研究发布关于社会职业需求状况、不同职业对知识技能的要求、经济发展与就业需求预测等方面的信息，我国缺乏这方面的投入。职业信息具有很强的实效性，需要投入大量的人力和时间。同时，一些高新科技和文化创意产业不断催生新的职业，但对这些新职业的发展形势、人才流动规律的把握等，必须有较大的投入才能完成。政府应该大力投资职业信息服务，让职业生涯规划教育有真实、可靠、丰富的数据资料。

4. 规范对课程的管理

教育部下发的《大学生职业发展与就业指导课程教学要求》对课程的性质、课时安排等做了相应要求。教育管理部门还应对课程做进一步具体要求，比如，应该结合地域和高校实际编制教学大纲，处理好大学生身心特点与知识逻辑性、应用性、理论性的关系以及知识讲授与能力培养的关系，从师资培育、教材建设、精品课程、课程评价等方面形成完备的课程管理体系。

(二) 加强高校大学生职业生涯规划课程构建

1. 构建全程化的职业生涯规划课程体系

课程体系必须具有开放性、灵活性、整体性和可测性的特征。目前，高校大学生职业生涯规划课程体系基本上以外来的理论和模式为主，高校要致力于教材、教学方法、评价体系的本土化研究。同时，不要忽视对新理念和新技术的运用，比如，当前情境解释主义和构建主义正成为世界职业咨询学的趋势，高校要认识到这种发展趋势，在课堂上运用"自我效能增强感""意义建构""经验叙事""生涯控制感"等理论和方法。

2. 多层次提供职业信息服务

不同层次的学生对职业信息服务的需求情况各不相同，职业生涯规划水平较高的学生，学校仅向其提供就业信息就可以自主完成职业探索；而水平较低或不具备职业生涯规划技能的学生，则需要高校为其制定单独的或团体的辅导方案，进行系统化的咨询服务。

3．重视职业生涯规划课程的实践环节

要把专业课程的学习和职业训练结合起来，让学生了解专业课程与职业训练的联系，避免学习和实践的脱节。高校内的二级院系要结合自身的专业特点和毕业生的分布区域，与校友企业或重点行业单位建立长期的实践合作基地。要引导学生珍惜实践机会，发挥学生的才智，将所学运用到实践中，为企业解决问题，并锻炼自身能力。

5．利用多样化的教育资源

在课堂教学之外，高校应邀请包括经济学家、政策制定者、商界领袖、行业精英、优秀校友等来校开展讲座、进行生涯访谈、分享成长经历、介绍职业素质要求或启发创业思维等，帮助大学生了解社会环境和职业内容，引导学生拓宽思路、多渠道就业。

6．加强师资队伍和教材的建设

教师的数量要逐步达到教育部规定的 1∶500 的师生比，在质量上要逐步实现职业生涯规划教师的专业化和专家化。高校可以通过培训现有就业服务中心教师、辅导员或学工队伍教师，也可通过"内外结合"或"专兼结合"的方式逐步建立多元化的师资队伍。在教材方面，目前的职业生涯规划教材大部分是直接翻译国外的教材，职业信息和文化背景都脱离学生实际，有的缺乏系统性和权威性，没有形成完整的教材体系，只能算得上是读物。因此，高校要加快实现职业生涯规划教材的本土化、实用化和专业化。

（三）提升大学生职业生涯规划教师的素质

1．提高职业生涯规划的理论研究水平

教师是实现课程价值的主要因素之一，是职业生涯规划的指导者。职业生涯规划理论涉及多学科的综合、交叉，专业的职业生涯规划教师须具备社会学、管理学、教育学、哲学、法学、心理学、政治学等基础，并在此基础上掌握当下世界职业生涯规划的主要理论和发展趋势。职业生涯规划课程在我国的历史十分短暂，相关的理论研究十分薄弱，当务之急是从我国的现实问题出发，采取移植—借鉴—对话—创新的次序，将国外优秀的理论为我所用，缩短研究的时间，提高研究的层次。

2．具备信息整合和毕业生就业市场的开拓能力

要更好地帮助学生进行工作及社会环境的探索，就必须收集到足够的

职业信息，包括我国当前的就业法律及制度，本地区的就业市场情况、就业具体政策和措施，本校学生的就业实际情况、就业规律以及各专业去向分布、各专业所属产业和行业的特点，就业工作基本流程等。教师要充分利用团体辅导、工作坊、学生团队等发挥朋辈互助作用，在团体中形成互相帮助、相伴成长的氛围。引导学生成立"就业协会""职业发展协会""创业协会"等社团，就业服务中心与团委一起，指导学生社团有效开展职业生涯规划的自我教育。

3. 帮助学生开展职业咨询和测评，不断进行测评技术创新

职业生涯规划教师要特别注意在选用和解读测试量表、选择干预方案、制定咨询方案、提高咨询中的帮助技能、评估干预效果等方面加强培训，在培训结束后职业生涯规划教师要能够为学生提供专业化的测评和咨询服务，能够独自开展团体及个体咨询；同时，专业的职业生涯规划教师还须具备编制课程的能力，包括确立课程目标、安排课程结构、选择课程实施方法、评估课程效果等技能。

4. 重视心理健康、创业精神和人生观教育

职业生涯规划教师在进行职业生涯规划教育的过程中，要始终将心理健康教育、创业精神和人生观教育贯穿其中。择业观反映了学生的人生观和价值观，要注意改变学生在择业过程中的功利主义倾向以及注重稳定和安逸的心理。要重视隐性课程对大学生职业生涯规划意识的影响。其他专业课教师在教授本专业知识的过程中，常常隐含着学生价值观、理想情感等目标，在课程中有涉及职业伦理、职业探索、社会环境等内容，教师应注意营造民主合作的氛围，引导学生正确看待合作与竞争。隐性课程对学生人际关系的潜移默化，将深远地影响到学生入职后的表现。

（四）增强大学生自我职业生涯管理的能力

学生是教学的主体之一，学生的需要是教学存在的客观基础。大学生职业生涯规划课程的主要任务是让大学生积极参与到指导过程中，学习职业生涯规划发展的相关理论，获得自己进行职业生涯发展的技巧，从而实现科学的自我认知；将自身特点与社会需求相结合，确定合理的职业目标，同时以职业目标为导向，进行积极的自我塑造。大学生要主动了解职业发展的特点，主动认识自我、职业和社会环境的关系，了解就业政策和形势，熟悉职业分类、劳动力市场及创业等的基本知识。要主动掌握信息收集与

整理、自我探索、生涯决策、求职面试等技能，还有为了职业发展而必备的沟通、交往、情绪管理等通用技能。

（五）建立互联网指导平台，增强大学生职业生涯规划教育的延续性

在"互联网+"时代下高校针对大学生的就业形势，应该积极建立一个多元化、全方位、个性化的互联网就业指导平台。通过这一平台及时地发布最新的招聘信息及相关的宣讲会、讲座信息，让学生可以对信息进行自主筛选，及时了解最新的就业动态，也能为学生提供更多的就业岗位与就业选择机会。同时，在互联网平台上设置相关的通知、公告类的栏目，及时通知大学生相关的就业信息内容。现代大学生随时随地能够连接网络，这样所有学生都可以及时地接收到相关信息与通知。此外，在互联网平台上还需要设置相关的问题解答栏目，针对大学生在就业、择业过程中出现的各种问题进行答疑解惑，加强就业指导教师与学生之间的联系，提高就业指导工作的效率。高校还需要指派专门人员对平台上信息的阅读量等数据进行关注与科学地分析，为今后就业指导工作的开展提供借鉴。开通反馈平台，及时地收集学生给出的反馈信息或者是提出的建议、意见，实现平台的不断优化，保障学生能够享受到更高质量与个性化的服务。

总之，学校要全方位引导大学生树立自我职业生涯管理的理念，让学生对自我职业生涯规划承担责任和义务，引导学生明确自己的追求和想要实现的目标，认真地剖析自己，对自己进行科学的测评和定位，了解自己的优点和不足，将个人的兴趣爱好、个性特征、价值观念、人生追求等考虑进职业生涯规划中，实现个体与职业的和谐发展。

三、构建家庭全员化的培养教育模式

科学有效的职业生涯规划对大学生的成人成才起着非常重要的作用，而家庭环境中父母的社会经济地位、职业、教育程度、教育期望、亲子关系、文化氛围等都会影响到大学生的成长与择业。因此，探讨家庭环境与大学生职业生涯规划之间的关系，构建家庭全员化的培养教育模式就显得尤为重要。

（一）家庭全员化培养教育模式的含义

全员化教育是从施教人员构成的维度来开展的职业生涯规划教育。参与职业生涯规划教育活动的不仅仅是一线的辅导教师和就业指导中心的工作人员，同时还应包括父母、亲属、朋辈，不同的施教者可以结合自身的

经历和职业发展从不同的视角对学生进行教育引导，使学生可以对进行职业生涯规划所需的要素进行全面的认识。家庭全员化培养教育模式是一项系统化的理论体系，也是一种全身心的教育模式。

（二）家庭全员化培养教育模式的构建

在职业生涯规划教育理论的指导下，构建家庭全员化培养教育模式的措施如下。

1．帮助学生进行自我探索

俗话说"知己知彼，百战不殆"。家长所要做的职业生涯规划教育工作，是帮助学生正确做出自己的职业规划，因此一定要建立在了解学生的基础上，符合学生的实际。所以首先就是要指导学生学会分析自我。家长帮助学生开展自我探索，让学生能更全面地了解自己。

（1）帮助学生分析自身的兴趣爱好和职业兴趣。家庭成员与学生朝夕相处，对学生的观察最细致。学生喜欢做什么、对什么事情感到好奇、哪些方面表现比较突出，父母要给学生点拨出来。在此基础上让学生自己去做一些测试，了解自己的职业兴趣，并学会培养这种兴趣。父母要告诉学生，能从事自己喜欢的工作是一件很幸福的事情，兴趣是最好的老师，有了兴趣会对该种职业活动表现出肯定的态度，在工作中就会调动个人的积极性，精力十足地投入到工作中，有助于事业的成功。

（2）帮助学生分析个人性格特征和职业性格。不同的性格适合从事不同的工作。父母对学生的了解比较深入，能对学生的性格做出更精确地评价。父母要促进学生通过测试，总结出自己的职业性格。父母也可以从自身的经验出发，总结出各类型的职业需要什么性格，从而帮助科学规划。

（3）帮助学生分析个人能力特长以及职业能力。父母知道学生目前有什么能力，出去能够做什么。通过一些测试，了解学生的职业能力体现在哪些方面，可以适当给学生指出来帮助学生认识自身，和学生一起挖掘自身的职业能力。

（4）帮助学生了解自身的职业价值观。父母看着学生长大，知道学生做人、做事的态度。要学会引导学生说出对工作的目的、意义和重要性是如何评价的，同时引导学生通过互联网测试自己的职业价值观，作为参考。

2．帮助学生了解外部环境

家长可以根据自身的知识和对社会职业变迁的了解，和学生谈谈职业的变化以及社会发展对职业的影响；和学生一起关注就业市场人才招聘信息；抽出时间陪学生去人才市场、招聘会实地考察；收集企业招聘信息，让学生了解市场需要什么人才，从而紧跟社会的发展而发展。·

我国地域辽阔，产业结构在每个城市、区域都不尽相同。而区域经济发展严重影响劳动力市场需求。因此，引导学生看到所在区域的情况、了解不同区域的差别、了解国家发展大的环境和政策，根据自身实际选择就业地点，确定自己的就业方向。

3. 帮助学生确定职业定位

（1）帮助学生确定职业定位，家长应从以下几个方面入手：要将自己的职业经验言传身教。家长的阅历比学生多，特别是职业方面的阅历。

（2）与学生一起探讨职业。我国职业种类很多，2015 年版的《中华人民共和国职业分类大典》将我职业归为 8 个大类 66 个中类 413 个小类 1838 个细类（职业），家长要与学生一起探讨、了解职业种类，让学生全面了解这些职业。

（3）陪同学生选择自己喜欢的职业类型。家长可以把自己的愿望传达给学生，但绝不能包办代替，替学生去选择。

4. 帮助学生制订实现目标的计划

家长应帮助学生根据确定的目标，找出自身的差距，相应地制订出详细的实现目标的计划和措施，明确什么时间做什么事情、提高什么能力、完成什么任务。为了达到目标，要有详细的时间安排表，要有强烈的执行力。制订计划和措施的总策略如下：首先，找差距，要列出自身的情况和外在环境。对比目标对自身的要求，找出差距。其次，缩短差距的针对性，真正解决自身存在的问题，缩短自身情况和目标之间的差距。再次，要有操作性，使规划能够指引自己切实行动。最后，一定要设置时间期限，督促自己完成目标。

增强规划的可行性，家长可帮助学生从以下两方面着手：一是近细远粗。所谓"近细远粗"就是实现近期目标的措施要比实现中、长期目标的措施更加具体和细致。二是远近结合。所谓"远近结合"就是制定的措施要有连续性、阶段性和可持续性，不仅要为近期目标的实现服务，还要为第二阶段的发展做铺垫、为长远目标的实现打基础。

5. 对学生的规划进行有效监督

父母对学生的监督分为奖励和鼓励，更要有有效的措施。学生达到目标之后，可以给予奖励；没有完成任务的，可以指出学生的不足，给学生建议锻炼自己能力的方法，鼓励学生改变自我。

人都有惰性，导致没有按计划实施行动。部分学生在实现规划的过程中，自信心逐渐地减弱，意志逐渐消耗，认为目标无法实现而放弃。这时，需要家长对学生的规划有效监督。家长可采用提醒、抽查的方式监督学生，不要过于频繁，否则会适得其反。

大学生的思想活跃，乐于接受新鲜事物和想法，但社会经验和分辨能力不足，价值观等极易受到大众传媒的影响和外界的干扰，偶尔还会盲目听从网友的建议，随便更改自己的目标任务。家长要帮助学生分辨真伪、强化目标，激励学生。

6. 指导学生根据客观变化修正规划

影响职业生涯规划的因素很多，有的因素的变化是可以预测的，而有的因素的变化难以预测。在此状态下，职业生涯规划就成了一个动态的过程，必须根据实施效果以及客观环境的变化及时检查与修正。

首先，根据变化的外部环境对职业生涯规划进行调整。现代社会的职业变化很大，需要家长和学生时刻关注市场的变化。要让学生紧跟时代的发展，适应市场需要修正学生的职业生涯规划。

其次，根据自身情况的变化对职业生涯规划进行调整。在实行职业生涯规划的过程中，学生自身的职业兴趣、职业能力、职业性格、职业价值观、身体状况、家庭情况、自身的经济状况等可能发生变化，这些因素直接影响了职业生涯规划的实施措施等。家长要帮助学生分析自身的情况，根据主、客观情况的变化，给学生相应的建议，对职业生涯规划进行调整。

7. 以校内和校外一体化建立家校合作机制

学校教育与家庭教育开始整合。学校教育与家庭教育的结合点问题是高等教育研究的一个盲区，但又是在实际工作中不得不面对的问题。在高等学校为学生分配工作的年代，家庭可以在学生接受高等教育后即淡出，学生完全以个人的身份与职业、社会建立全新的社会关系。在学生就业进入市场后，家庭重新介入，学生有了选择的自由，家庭教育对学生职业观的影响开始显现。学校不得不考虑在相关教育上与家庭的"接口"问题。目前，学校教育与家庭教育的结合点普遍停留在职业心理的层面上，即学校会将因职业选择引发心理问题的学生情况向家庭反馈，一方面了解学生家庭情况，与家庭共同探寻学生出现心理问题的原因，另一方面寻求学生家庭的帮助，引导学生建立健康的职业心理。

在学校与家庭合作的过程中，学校始终处于主导地位。我国的学生家长在将子女送入大学以后，对子女的关注程度和影响力度呈现"断崖式"下降，所以学校必须激发家长继续参与教育活动的积极性。

首先，在学生入学后要着手收集学生的家庭资料。具体内容包括学生的家庭住址，父母的工作单位、个人职位、收入情况、详细联系方式等，要通过这些信息判断出学生的家庭结构。通过这些家庭基本信息，教育者可以大致判断出学生的成长经历和有可能的职业目标。

其次，在整个大学阶段要定期向家庭反馈学生对专业课学习的热情和发展目标。部分高校可以做到定期向家庭反馈学生的学习成绩，但绝大部分学校都无法做到向家庭反馈学生的发展目标。

再次，要能通过家长搜集部分实习和就业信息。由于"子承父业"的职业惯性，有相当一部分家长从事的工作是与子女所学专业相关的。学生家长是学校和学生的重要社会资源，如能在学生的就业季，利用家长收集相关实习和就业信息并实现信息的共享，对学校的就业信息工作将是巨大的促进。同时，通过这种互动也提升了家长的价值感，激发其参与学校教育的动力。

最后，要注意邀请家长参加学生毕业环节的活动，这种方式可以显著提升家长对子女毕业的社会意义的认知，更加重视对子女大学毕业时节的心理关怀和情感支持。

实践证明，在大学阶段能够获得家庭的有效情感支持和资源支持的学生，他们的职业选择能力和职业规划能力比未获得家庭支持的学生要高出许多。与此同时，我们也要防范和纠正因家庭投入和干预过多而让学生丧失了自我决策权利和发展意识的现象。

第二节 大学生职业生涯规划教育发展模式

一、大学生职业生涯教育可持续模式的认识

职业生涯教育在促进个体职业生涯发展、人力资源合理配置、社会稳定发展等方面都发挥了非常重要的作用。受到传统教育思想的影响，常常把教育活动看成是教育者对受教育者施加的教育影响，从而忽略了学生的

主体性地位。即使现代教育思想越来越重视学生的主体地位，但在实际的教育过程中仍常常被忽视。可持续模式的提出考虑了这一点，注重提高大学生群体和个体的自我发展意识和自主学习的能力。开展职业生涯教育，要按照"可持续发展"的要求，树立"以人为本"的教育价值观，同时考虑到教育过程中学生的主体性，不断促进大学生职业生涯教育内化，努力构建高校职业生涯教育模式。

可持续模式是以学生为主体、以学业导师为主导，通过递进教育、适时介入、全程服务，促进大学生职业生涯教育内化的模式。可持续关注模式不仅指形式上，高校在开展职业生涯教育时需持续关注大学生从入学到毕业的全过程，更重要的是指实质上要达到促进大学生个体职业生涯可持续发展的目的。可持续模式的总体目标是培养和提高个体职业生涯规划的意识与技能，提升职业素养，促使大学生主动地规划自己的生涯发展并不断践行，促进大学生个体职业生涯教育内化，并最终促进大学生职业生涯可持续发展和终身发展。理念根植于模式之中正是可持续模式的精髓之所在。其理念来自于四个方面，即可持续发展理论、终身教育理念、内化说及舒伯的职业生涯发展理论。

（1）可持续发展理论。1972年，在联合国人类环境研讨会上正式讨论可持续发展的概念。近几年，在经济社会领域的研究中被提及、运用的较为频繁，但较少被运用到教育领域中。发展是可持续发展的前提，人是可持续发展的中心体。

人的可持续发展，是既能满足人们当时需要，又能保证其和谐、均衡、持久的发展力不受损害的发展。职业生涯教育着眼于人的可持续发展，注重持续性、发展性。高校通过循序渐进地开展职业生涯教育活动，关注受教育者主体地位，促进其职业生涯的可持续发展。

（2）终身教育理念。我国传统谚语中"活到老，学到老"已经包含朴素的终身教育理念，体现了教育应该是持续终身发展的过程，但是对现代社会如何认识和发展终身教育缺乏理性的理解。"终身教育"这一专业术语，最早是于1965年由联合国教科文组织成人教育局局长保尔·郎格朗提出的。可以将其理解为人在整个生涯中所接受到的教育的总和。高校职业生涯教育关注大学生个体的整个人生阶段，而非仅停留在大学生毕业阶段，是一个动态、发展的教育过程，注重受教育者各个身心发展阶段与人生关键期之间的有机联系。从受教育者的角度来看，受教育者应主动接受职业生涯教育并贯穿其职业生涯发展的始终；从教育者的角度来看，职业生涯教育应着眼于教育受教育者的各发展阶段以促进其职业生涯可持续发展。

（3）内化说。内化概念的早期含义是指社会意识向个体意识的转化。维果茨基提出新的内化概念，指出通过内化，高级的社会历史心理活动从外部活动转化为内部活动的形式。教育的最终目的，就是要使外部客体的东西转化为学生主体内部的东西。教育内化是提高教育质量的关键，因此，提高职业生涯教育质量的关键正是使受教育者职业生涯教育内化。

（4）舒伯的职业生涯发展理论。舒伯作为职业生涯发展领域的集大成者，系统地提出了他的职业生涯发展理论。舒伯从受教育个体出发，探讨个体在职业生涯发展过程中，自我概念的不断形成与发展。在这个过程中，个体的职业生涯被划分为成长、探索、建立、维持和衰退五个阶段，而且每个阶段都有自己的所属次阶段，均需完成不同的任务。

二、大学生职业生涯教育可持续模式的实施

（一）递进教育，增强大学生职业生涯教育内化的科学性

1. 注重职业生涯教育内容的全面性

职业生涯教育是一个动态、发展的教育过程。高校在开展职业生涯教育过程中应秉承职业生涯教育可持续模式的理念，注重职业生涯教育内容的全面性，同时考虑到不同年级、性别和专业的学生特点，在教育过程中有所侧重。大学生正处于人生的重要阶段和职业生涯准备的关键期，因此这个阶段接受职业生涯教育对于大学生职业生涯的发展甚至是生涯发展都起到事半功倍的作用。职业生涯教育内容是职业生涯教育模式实施的载体，其全面性关系到职业生涯教育实施的有效性。具体地讲，职业生涯教育模式的实施在内容上主要需涵盖以下几个方面。

（1）职业生涯规划。职业生涯规划是指个人根据自身的主客观条件的认知、分析与权衡，从而明确职业定位并确立自己的职业生涯目标，然后制订相应的、科学的学习、工作、实践、培训等方面计划，并逐步践行此计划以达成职业生涯目标的过程。职业生涯规划具有目标性、计划性、指导性和全局性等特点，为个人的职业生涯发展指明了方向。大学生正处于职业生涯探索阶段，进行规划是非常重要且必要的。

职业生涯规划内容包括以下两个方面：

第一，培养大学生进行职业生涯规划的意识和培训大学生职业生涯规划的技能。引导大学生正确看待职业生涯规划，自主规划职业生涯，变"要

我学"为"我要学",树立终身学习的理念。同时要使大学生掌握职业生涯规划的技能,主要包括如何进行自我认知和职业认知、职业生涯决策的理论和方法等。通俗地讲,即帮助大学生回答"我的性格、兴趣、能力是什么?""我喜欢什么工作?""我擅长什么工作?""我达成职业目标需要做什么?"等一系列问题。

第二,引导大学生进行自我探索和职业探索,以达到正确的自我认知和职业认知,引导其进行职业定位,来确立自己的职业生涯目标、制订达成目标所需要完成的计划。同时,在实际的行动过程中,帮助大学生根据自身兴趣特点和所处环境等变化,不断检验和评估其职业定位、目标及策略是否有效可行,不断修正,保证其职业生涯规划能够有效。

其中,大学生学业生涯规划是大学生职业生涯规划的核心内容,是职业生涯规划在大学阶段的具体化表现,也是大学生实现其职业目标的储备过程。大学生学业生涯规划是指大学生个体根据自身的主客观条件的认知、分析与权衡,确定职业发展方向,制定在校学习的总体目标和阶段目标,结合自身情况制订实现目标的步骤和方法,从而不断获得阶段目标所需要具备的知识、能力、素质等方面的过程。高校应引导大学生认识到学业生涯规划的重要性,了解所学专业需具备的知识和能力,了解所学专业的发展现状和前景,确立大学阶段的学业目标,根据自身情况制定阶段目标,指导、督促大学生认真践行学业生涯计划等。

(2)职业素养提升。职业素养是人在从事职业的过程中所呈现出来的一种综合素质,包括职业道德、职业意识、职业知识能力等。个人素质在知识和技能等显性层面固然重要,而在动机、态度等隐形层面更为重要。因此,要注重全面培养大学生的职业素养;着重培养大学生应具备的良好职业道德、积极的职业心态以及正确的职业价值观,培养其具备职业意识;同时加强引导大学生的自我修养,在思想、情操、意志等方面进行自我修养与锻炼。尤其重要的是要转变大学生消极的择业观,引导大学生形成积极的择业观。不断引导大学生在择业过程中,克服"等、靠、要"的消极择业心理,转变功利性过强的择业动机和择业期望值过高或过低的消极择业观,促进大学生积极主动择业、谋业,培养大学生创业意识、服务基层的意识,鼓励毕业生到城乡基层、中小企业和非公有制企业就业,将实现个人需求与社会需求结合起来考虑个人职业生涯的发展。

(3)职业生涯心理辅导。大学生职业生涯心理辅导既是大学生心理健康教育的重要组成部分,同时也是高校职业生涯教育的重要内容之一。具体指高校以促进大学生个体职业生涯可持续发展为目标，根据大学生个体的职业心理发展规律，采取一系列帮助大学生个体获得职业生涯良好适应与发展的职业生涯心理辅导计划。大学生职业生涯心理问题不仅存在于毕业生群体中，非毕业生群体也会面临这方面的心理问题。因此，大学生职业生涯心理辅导涉及的群体非常广，同时也涉及大学生日常生活的方方面面。大学生职业生涯心理辅导主要以发展性心理辅导为主，涉及职业兴趣、职业价值观、职业能力倾向、职业选择和应激与择业心理调适等职业心理学知识。通过采取比较完整、系统的计划，对大学生个体进行有关职业生涯的意识、自我认知、职业认知、探索、引导、准备、决策、评价等辅导活动，使大学生拥有一个良好的择业心态和职业价值观，提升大学生的职业生涯心理素质，从而使大学生做好进入职业角色的心理准备，实现从学生到职业人的顺利转变，为大学生职业生涯可持续发展奠定良好的基础。

（4）求职过程辅导。针对大学生进行求职过程中需要注意的事项和技巧等方面的辅导是一件直接有效的工作。主要是针对大学生在求职过程中遇到的具体问题提供不同方式的辅导，主要涉及大学生在求职过程中可能遇到的和已经遇到的问题。包括使大学生了解我国就业法规政策与形势、相关行业的就业现状、就业市场等方面的信息；使大学生掌握搜集就业信息的能力；传授给大学生具体的求职技巧，如简历制作、自我推销方法、面试技巧、职业礼仪培训、就业签约指导等方面。

（5）创业教育。大学生创业教育是培养大学生创业意识、创业思维等创业的基本素质，使大学生具有一定创业能力的教育。1998 年，清华大学举办了首届中国大学生创业计划竞赛，迈出了我国大学生创业探索的步伐。如今，创业教育已越来越受到重视。其主要内容包括创业意识的培养，引导学生正确地认识创业；创业准备培训，如创业方面的相关政策法规、创业基本程序及创业期间常见问题等；创业基本素质的培养，如创新能力、管理能力、策划能力、协调能力、经营能力、危机处理能力等。高校职业生涯教育模式在内容实施上主要涉及职业生涯规划意识培养与技能培训、职业素养提升、职业生涯心理辅导、求职过程辅导和创业教育，这几方面内容相互独立、相辅相成，成为职业生涯教育可持续模式实施的载体。

2. 实现职业生涯教育方式的多样化

大学生应通过校内活动、社会实践等机会，对自我及职业进行探索，以便于制定与践行自己的职业生涯规划。因此，高校应抓住大学生职业探索阶段，采取多样化的方式以达到更好的职业生涯教育教学效果。

（1）课程教学。课程教学是实现职业生涯教育的主要方式，通过课程教学能够使学生掌握系统的知识体系。国家教育部办公厅制订了《大学生职业发展与就业指导课程教学要求》。课程教学作为开展职业生涯教育的必要手段，发挥着主渠道的作用。

高校在开展职业生涯课程教学时，需以《大学生职业发展与就业指导课程教学要求》为指导，结合本校自身特色及地域优势等，制定系统、科学的教学大纲，组织实施有利于大学生职业生涯可持续发展的课程和教学活动。主要从两方面实施：①分年级开展有针对性的职业生涯教育课程，即针对不同年级的学生开展有针对性的课程教学，并逐步将这方面的课程纳入必修课体系；②分专业开展有针对性的职业生涯教育课程，即在专业课中渗透职业生涯教育，整合学术课程与职业生涯教育课程，加强学术课程中的职业性，这样更有利于针对每个专业的特点、就业情况等开展职业生涯教育。在教学方法上，应注重理论与实践相结合、讲授与训练相结合的方式来进行，注重采用多种方法相配合，如讲授法、讨论法、案例法、参观法、实习法等。

可持续模式的实施，在课程教学方面需要使大学生在态度、知识和技能三个层面均达标。通过课程教学的方式系统地传授职业生涯发展方面的知识和技能，同时态度层面是职业生涯教育目标的核心层面。重视情感教育，以增强职业生涯教育内化的感染力，使大学生认同职业生涯教育理念；认识到职业生涯教育重要性；树立职业生涯发展的自主意识；愿意进行自我认知并确立职业的概念和意识；愿意践行职业生涯规划；树立积极正确的人生观、价值观和就业观；善于思考、善于学习、善于发展。因此，在教学过程中要充分意识到学生的主体性，引导大学生发挥主观能动性，促进职业生涯教育内化，以达到大学生积极地进行自我分析、职业探索、践行自己的职业生涯规划等，从而达到自我教育。

（2）社会实践。高校要积极创造条件，尤其要重视学校所处地域地区和行业优势，为大学生提供实践的机会，以便于大学生能够亲自进行职业体验。这样一方面有利于帮助大学生认识自我与职业、了解职业环境；另一方面，有利于大学生锻炼实践能力，提高发现问题和解决问题的能力，提升大学生的综合素养，尤其是职业素养。为此，高校要鼓励学生进行有针对性的实践活动，并创造条件，如整合实践教学资源，建立校企合作实习基地，联系企业、社区、单位等提供实习机会，为大学生进行职业体验提供机会。同时，通过走出学校、走向社会，组织、引领学生进入社区、企业、工厂、单位等领域进行参观，虽然不如职业体验更能使大学生亲自感受，但这种方式更容易实施且所需时间短，有利于学生近距离了解各行业、各职业的现状，了解各种职业群所需具备的知识、能力，提高职业生涯规划的意识等。教育过程中，应重视起这种受教育者能够亲身经历的体验式教育。

（2）咨询辅导。高校应根据不同年级、专业、类型学生的特点和期望进行咨询辅导，主要有团体辅导和个体咨询辅导两种类型。

第一，团体辅导指以团体成员为对象，运用心理咨询知识和技能，通过团体成员间观察、学习、体验等互动，实现其自我认知、自我成长与自我接纳的心理咨询方式。该种方式具有效率高、感染力强等优点，对于提高人际交往能力、提升自信心、缓解焦虑情绪等方面发挥着显著的作用。大学生职业生涯团体辅导指以团体成员为对象，依据科学的职业生涯教育理论和心理咨询知识与技能，通过团体成员间观察、体验、学习等互动，帮助和引导大学生达到一定程度的自我认知、自我接纳，使个体的综合职业素养得到提升，促进团体中每一位成员的职业生涯都能够得到可持续发展的方式，可以采取情景模拟、团体讨论、身体表达、绘画、娱乐活动等形式。

第二，大学生职业生涯个体咨询辅导，指专业的职业生涯咨询辅导人员针对大学生个体在职业生涯规划与进展过程中遇到的具体问题，结合科学的职业测评结果与咨询互动过程中对大学生个体的了解，给予其有针对性的、个性化的咨询与辅导，以提高大学生的自我认知和职业认知，帮助其更好地解决职业生涯认知、准备、规划及求职心理与技能等方面的困扰，促进大学生个体职业生涯发展的咨询方式。具体的咨询辅导形式包括面对面咨询辅导、网络咨询辅导和电话咨询辅导等。高校职业生涯教育在开展的过程中必须要兼顾大学生群体特点，同时满足大学生个体个性化的需求。尤其应重视谈心这种运用倾听和言语表达进行情感沟通和激励的辅导方式，在充分尊重和理解学生的基础上，倾听学生的心声，进而了解学生的思想、学习、实践等方面的动态，引导学生认识自己的不足，使学生变被动为主动，建立一种和谐的师生关系。

（4）校内活动。校内活动的举办为大学生更进一步了解职业生涯教育的理念、知识等方面提供服务和便利，同时为职业生涯教育发展创造了良好的校园文化氛围，有利于大学生职业生涯教育的内化。具体的校内活动有：举办职业生涯规划专题讲座、就业指导专题讲座、职业测评与自我分析专题讲座等；利用学校校友会部门的桥梁纽带作用，邀请知名校友或在某行业有突出成绩的校友回校开展职业生涯发展方面的讲座或报告会；院系部门也可以邀请已毕业的学生回校开展经验交流会；举办职业生涯规划大赛、创业大赛等；开展就业知识宣传展览；举办"大学生职业生涯与发展规划服务月""大学生职业素养提升服务月"及"毕业生就业指导服务月"等活动。尤其需针对女生群体采取相应的个性化指导，如针对女大学生举办就业指导方面讲座，定期开展帮扶工作等。

3. 不断线地开展高校职业生涯教育

高校开展职业生涯教育应贯穿人才培养的全过程，考虑到各年级学生身心发展特点和社会经济发展状况，在不同阶段针对不同年级制定循序渐进的职业生涯教育目标，选择恰当的方式，从而保证大学生职业生涯教育内化的科学性。大致将四个年级分为四个阶段：职业生涯探索期、职业生涯准备期、职业生涯定向期、职业生涯抉择期。高校通过不断线地开展职业生涯教育，逐步促进大学生职业生涯教育内化。

在高校职业生涯教育过程中，要合理安排教学内容，各年级职业生涯教育教学计划安排见表5-1。

表5-1　各年级职业生涯教育教学计划安排

年级	所处阶段	职业生涯教育目标	职业生涯教育内容	职业生涯教育方式
大学一年级	职业生涯探索期	使大一新生认同职业生涯教育理念；转变学习方式，变被动为主动；认识到职业生涯教育的重要性；了解和掌握职业生涯规划相关知识和技能；制订适合自己的职业生涯规划；使学生认识本专业培养目标和就业方向，并培养其学习专业知识及与专业相关或感兴趣专业知识的自觉性、主动性；自觉学习计算机和英语等	以职业生涯规划意识培养与技能培训为主，辅以职业素养提升和职业生涯心理辅导	以课程教学和谈心辅导为主，同时鼓励学生参加校内活动及其他相关辅导活动
大学二年级	职业生涯准备期	提升大学生职业综合素养；使其拥有良好的择业心态和职业价值观，提升大学生职业生涯心理素质；学会自我调节，克服从众心理，培养其职业决策的能力；初步确定自己的职业生涯目标	以职业素养提升和职业生涯心理辅导为主，帮助大学生调整职业生涯规划	以课程教学和谈心辅导为主，同时鼓励学生参加校内活动、社会实践及其他相关辅导活动

续表

年级	所处阶段	职业生涯教育目标	职业生涯教育内容	职业生涯教育方式
大学三年级	职业生涯定向期	通过学习、实践使大学生进一步明确自己的"职业锚";培养大学生专业技能;提高大学生实践能力;使其真正了解所选职业的人才供需状况、所需具备技能等方面;掌握求职技能、技巧;提高各种通用技能	以职业素养提升和职业生涯心理辅导为主,辅以求职过程辅导	以社会实践、课程教学和谈心辅导为主,同时鼓励学生参加校内活动及其他辅导活动
大学四年级	职业生涯抉择期	此阶段主要以辅导大学生顺利就业为主要目标,具体是使大学生做好进入职业角色的心理准备,实现从学生到职业人的顺利转变;使大学生能够正确应对职业挫折;了解我国就业法规政策、就业市场等方面信息;掌握搜集就业信息的能力和具体的求职技巧,如简历制作、面试技巧、职业礼仪培训、就业签约指导等	以求职过程辅导和创业教育为主,辅以职业素养提升和职业生涯心理辅导	以社会实践和校内活动为主,尤其需要开展经验交流会,并辅以适当的谈心等咨询辅导

(二)适时介入,确保大学生职业生涯教育内化的落实

1. 学业导师是可持续模式的具体落实者

学业导师制是一项辅助可持续模式实施的制度,其有利于增强大学生职业生涯教育内化的实效性。其关键在于在学业导师和学生中建立一种"导"和"学"的关系,以帮助大学生个体根据自身的主客观条件的认知、分析与权衡,确定职业发展方向,制定在校学习的总体目标和阶段目标,结合自身情况制订实现目标的步骤和方法,鼓励、督促大学生在大学期间通过自身努力不断获得阶段目标所需具备的知识、能力和素质,并最终引导大学生主动学习和实践并促使其形成积极的人生观、世界观和价值观。

在传统的教育模式中,由辅导员或班主任负责大学生的思想政治教育工作和其他学生事务工作,任课教师大多只负责学生的文化知识教育。这样的教育模式可以满足集体教育的要求,却忽视了学生个体的发展需要。学业导师正好不补了这方面的不足,实现因材施教和个性化教育。学业导师队伍需要由一批责任心强、具备良好职业道德和指导能力的专业教师组

成，采取教师自荐、学生选择和学院指定相结合的方式进行选聘，每位学业导师指导学生的人数不超过 20 人，且原则上与学生专业相关。学业导师关注学生从入学到毕业的整个教育阶段，从学生个体的人格特质出发，在学生职业生涯规划的基础上，给予其有针对性的学习、实践、就业、心理等各个方面的指导，使其在大学期间生涯发展方面有较清楚的方向和强大的支持力量，有效地提高学生的主体性意识、规划能力、实践能力等。

可持续模式是以学生为主体，以学业导师为主导，通过递进教育、适时介入、全程服务，促进大学生职业生涯教育内化的模式。其目标是培养与提高个体职业生涯规划的意识与技能，提升职业素养，促使大学生主动地规划自己的生涯发展并不断践行，促进大学生个体职业生涯教育内化并最终促进大学生职业生涯可持续发展和终身发展。而学业导师在学生学习、成长过程中，正是促进学生职业生涯教育内化的具体落实人员。学业导师在学生生活中的方方面面都扮演了引导者、指导者和督促者的角色，充分尊重学生教育过程主体性和个体差异性，引导大学生主动学习和实践，促进大学生学业生涯规划的完成，进而不断提高大学生职业发展竞争力，促进大学生个体的可持续发展。

2. 抓住大学生职业生涯教育内化的关键期

每学期学业导师至少召开两次师生见面会，并且根据不同学生特点开展个性化指导。学业导师也要与所负责的学生家长保持联系，得到家长的建议与配合，从而使对学生的辅导更明朗、更有效。平时沟通辅导方式可以采取面对面辅导、网络辅导（借用 E-mail、微博、QQ、微信等聊天工具）和电话辅导。学业导师应注重使用谈心这一深度辅导方式，在充分尊重和理解学生的基础上，运用倾听和言语表达进行情感沟通和激励，与学生建立一种比较融洽、和谐的师生关系，进而了解学生的思想、学习、实践等方面的动态，引导学生认识自己的不足和存在的问题，使学生变被动为主动，并适当地提出建议。学业导师适时介入大学生职业生涯教育过程，抓住大学生职业生涯教育内化的关键期。几个关键时期包括：新生入学期、大二开学阶段、大三第二学期、毕业阶段。

（1）新生入学期：新生入学期是学业导师需要重点介入的一个时期，这一时期的大学生远离了父母、老师的管教，有许多可以自由支配的课余时间，加之大部分学生是第一次离家独立生活，因此倍感迷茫。这就更需要引导者的及时帮助，使其尽快适应大学环境，实现学习观念的转变，培养自主学习能力。学业导师主要需了解被指导学生的基本情况，负责帮助学生认识和了解专业情况；引导学生进行正确的自我认知；帮助学生制订结合专业与就业的学业生涯规划，包括所修课程、读书计划、学习目标等内容，突出个性化指导；培养学生学习专业知识及与专业相关或感兴趣专业知识的主动性；引导学生重视基础知识和人文知识的学习等。大一新生极易出现新生适应不良的心理问题，因此学业导师需要对新生的心理方面多加关注。必要时与学生家长沟通，并联系校心理咨询中心专业心理咨询师，共同对出现新生适应不良问题的学生进行适当的心理辅导。

（2）大二开学阶段：此时，学生们已经度过了一年的大学生活。学业导师需要进一步帮助学生制订和完善学业生涯规划，同时注重学习效果指导；帮助学生更加清晰地进行自我认知；使学生学会自我调节，克服从众心理，培养其职业决策的能力；初步确定自己长期发展的职业生涯目标，并围绕此目标开展相应的学习、实践、培训和考试；加强社交能力的锻炼，使学生建立正确的职业价值观。

（3）大三第二学期：这一学期学生应该开始对升学或就业有所规划，需要获取各方面的信息和指导以尽早抉择。学业导师主要帮助学生提早针对升学或就业进行决策，并针对学生关于考研、出国、就业、创业等方面问题提供咨询辅导；指导学生主动学习专业知识；对考研学生进行备考动员和指导；对打算出国留学的学生进行出国留学前语言考试等方面的指导；引导学生通过学习、实习、兼职等途径有意识地了解职业信息，更近距离地感受职业环境，使其真正了解所选职业的人才供需状况、所需具备的技能等；使学生进一步明确自己的"职业锚"；培养学生专业技能及其他通用技能（沟通技能、自我管理技能和人际交往技能等）。

（4）毕业阶段：此阶段是职业与学业的分化期，也是大学生职业生涯的抉择期。学业导师需指导学生论文开题、督促学生按论文进展安排完成论文，并帮助学生完成论文修改；对考研的学生进行考前指导；对申请出国留学的学生进行出国留学申请及考试方面的指导；指导学生对前三年的学习生活进行一个总结并对自身优缺点及职业兴趣进行深刻剖析；指导学生检验已确立的职业生涯规划目标是否明确，职业准备是否充分，同时对自身所欠缺的地方进行必要的修补；使学生做好进入职业角色的心理准备，实现从学生到职业人的顺利转变；使学生能够正确应对职业挫折；使学生了解我国就业法规政策与形势、相关行业的就业现状、就业市场等方面信息；使学生掌握搜集就业信息的能力和具体的求职技巧（如简历制作、自我推销方法、面试技巧、职业礼仪培训、就业签约指导等）。此外，学业导师应在毕业生求职的不同阶段及时了解所指导学生的思想动态，排查就业困难群体，及时介入，采取相应的深度辅导。

此外，需重视不同专业、性别群体的特点，因材施教。由于文科学生在对职业生涯规划理论和方法了解情况方面明显好于理工科学生，因此学业导师应着重对理工科学生关于职业生涯规划理论和方法方面的教育和引导。各专业学生都普遍缺乏实习或兼职经验，相比之下文科学生明显比理工科学生好一些。针对这一现象，学业导师要根据所指导学生的专业特点，结合学生的人格特质和学业进展情况指导学生，尤其是理工科学生在不耽误学习的情况下适当地参加一些实践活动，实践活动在提高大学生的人际交往能力、问题解决能力等方面都是十分有益的。此外，理工科男生在职业发展方向清楚程度方面和对自己的职业生涯规划情况方面都明显好于理工科女生，因此理工科专业的学业导师应偏重对女大学生职业发展方向和对其进行职业生涯规划方面的教育，引导其思考自己的职业发展方向，并通过学习、实践等途径更清晰地定位自己的职业发展方向，制订清晰而长远的职业生涯规划。文科女生在职业生涯重要性认识方面明显好于文科男生，因此文科专业的学业导师应偏重对男生这方面的教育，引导其意识到职业生涯规划对于自身发展的长远意义。

教育评价上，应采用过程性评价和终结性评价相结合的方式。尤其在教育过程中，学业导师要注重过程性评价的运用，了解学生职业生涯教育内化的效果，及时反馈信息并做出调整，以便于达到更好的教育效果。学业导师和学生是一种民主、平等的伙伴关系，导师应充分尊重学生的主体性地位，学生既是评价客体同时也是评价主体。以过程性资料为依据对学生进行客观、翔实、综合的评价方法即一种新的评价方法——档案袋评价。具体的应用方法可以采取对教师和学生分别建立档案袋的举措，由各学院负责建立学业导师工作档案袋，主要包括学院学业导师信息表、学业导师指导学生名单、工作计划、工作总结、学业导师考核情况及学业导师工作的过程性材料。学生的生涯档案袋记录学生从入学到毕业的成长过程，包括学生个人信息、职业生涯规划书、学业生涯规划书、学业进展情况、学生实践能力评价档案等。档案袋的使用能够更加客观、翔实地反映学生的成长过程，成为引领学生学习、生活及未来职业生涯发展的蓝图，并成为学业导师实施个性化培养、教育的有效工具，有利于学生增强自我发展意识，不断认识自我、完善自我。

（三）全面服务，为大学生职业生涯教育内化提供支持

1．制度服务：完善高校职业生涯教育制度

高校职业生涯教育的顺利开展离不开高校完备的相关政策制度。高校首先应从制度上保障职业生涯教育的有序开展和落实。规定高校职业生涯教育的培养目标、工作任务与内容、实施计划、职业生涯教育课程目标、课程设置方案、教材的开发、课程评价、组织机构建设、条件保障等。尤其应完善高校职业生涯教育的辅助制度——学业导师制，以促进大学生职业生涯教育的实效性。这些相关规定应成为高校全面开展职业生涯教育的依据和保障。

2．人力服务：配备一支高素质、专业化的教师队伍

为了保证高校职业生涯教育的有效开展，需要保障配备一支高素质、职业化、专业化的教师队伍。首先自树，才能树人。

在师资方面的要求上，可以借鉴国外职业生涯教育已发展比较成熟的高校。我国高校需要不断提高对职业生涯教育师资重要性的认识，重视加大师资培训力度，鼓励和支持现有职业生涯教育教师、班主任、辅导员、学业导师等相关工作人员参加培训，要求授课教师定期集体备课、考核评比及参与学生反馈，不断完善教学内容，提高教学质量和学生学习效果。同时，招聘高素质、具有专业知识和相关工作经验的人才补充职业生涯教育专职教师队伍，聘请社会上职业生涯教育方面的专家、人才作为职业生涯教育长期兼职教师。努力建成一支高素质、专业化的专兼职职业生涯教育教师队伍。

3．财力服务：加大投入并合理利用职业生涯教育经费

高校职业生涯教育的发展需要充足的经费提供坚实的经济保障。国外高校在这方面为我们提供很好的借鉴，即经费的保障可以从以下两方面进行：宏观层面上，各级政府和教育行政部门加大对高校职业生涯教育的经费投入。微观层面上，高校本身要重视职业生涯教育的经费预算，合理支出经费并积极吸收社会力量以获得资金支持。还可以通过与企业等用人单位之间的合作，为用人单位提供招聘服务，同时寻求企业等用人单位，在资金、设备、场地等方面的资助。

4．物力服务：配置充足的场地和完善的硬件设施

高校职业生涯教育的落实离不开充足的职业生涯教育专用场地和完善

的硬件设施，为学生提供便利。在此方面，学校应配置专用场地以供职业生涯教育机构工作人员办公，具体配备专门的信息资料室，存放职业生涯规划、就业指导、职业素养提升等有利于学生职业生涯发展方面的书籍、报纸、杂志等资料，供大学生查看、借阅；配备专门的计算机使用室，专用于学生查询职业生涯教育相关方面的信息；配备专门的多媒体教室，用于进行职业生涯发展方面的讲座、研讨会、报告会、经验交流会等；配备专门的职业生涯咨询辅导室，用于对学生进行个性化的职业生涯测试、咨询和辅导；配备专门的团体辅导室，用于开展大学生职业生涯团体辅导；配备专门的网站、数据库查询系统和咨询预约平台，供学生及时通过互联网获取校内外招聘信息、招聘会信息、实习信息、职业生涯辅导等方面信息并提供预约咨询及网络职业生涯咨询服务。通过配置充足的场地和完善的硬件设施为大学生提供优质、专业的服务。

第六章 大学生职业生涯规划教育联动机制构建

第一节 学生自主联动机制构建

一、职业生涯规划管理机构科学化

要使高校大学生职业生涯规划教育健康发展，必须要有一个科学的职业生涯规划组织管理机构，统筹职业生涯规划工作，联合全校各方面力量，促进人才培养战略实现（图6-1）。

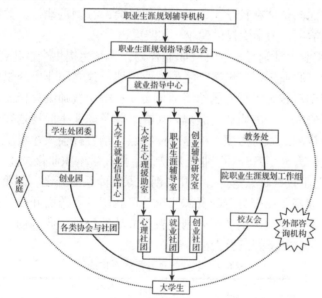

图6-1 大学生职业生涯规划教育机构设置

（一）核心科室的设立与职责划分

（1）大学生职业生涯规划指导委员会。大学生职业生涯规划指导委员会由校领导、学生处、教务处、创业园主管领导构成。委员会主要职责是立足于全国同类院校人才培养现状，结合本校办学宗旨，共同制定高校职业生涯辅导工作的战略，并监督各职能部门将战略转化成具体目标，贯彻执行。委员会除监督实施效果外，还要给予必要的支持与帮助，同时也不断地收集基层单位的意见，不断修正和完善实施方案，保证此项工作顺利开展。

（2）就业指导中心。具体落实大学生职业生涯规划指导委员会的决议，确保生涯管理工作执行。

（3）大学生就业信息中心。负责全校学生职业生涯规划网络测评，帮助学生了解自我的职业性向。建立职业生涯规划网络平台，汇集职业生涯相关课程、生涯人物讲座、职业动态更新等内容。为学生生涯规划建立电子档案，分阶段引导学生完成生涯规划，保证生涯规划的连续性。跟踪毕业生生涯发展状况。通过跟踪随访，调查、全面了解学生的岗位适应能力、岗位胜任力、发展状况、用人单位对人才的需求标准等。调研结果反馈给职业生涯指导委员会调整规划战略。主动联系用人单位，开发学生就业、兼职市场，组织校园招聘会。不仅仅在每年的就业季针对即将毕业的大四学生，也应面向全体在校学生，随时抓住机会，有侧重地、分类别地向社会推销专业学生，为学生提供就业、实践渠道。

（4）职业生涯辅导室。开展职业咨询，为学生提供个性化咨询服务，帮助学生做好职业定位，解决学生的就业困惑。建立职业生涯规划辅导师资队伍，定期对教师进行专题的培训与交流；组织教师编写相关教材、申报相关课题研究。开展职业生涯规划大赛，普及职业生涯规划知识，推进大学生职业规划的践行力度。根据专业特点，结合社会人才素质要求，构建大学生胜任力模型，开展职业素质认证，提高学生职业化技能。

（5）创业教育研究室。指导开设创业课程体系的开设。创业教育课程体系的设定应基于高校自身的资源和校外可利用的资源而开设。建立创业教育专家体系。根据国内和国外创业教育成功的经验，我国创业教育的专家体系至少应包括下列三类人员（表6-1）。

表6-1 创业教育专家体系构成

专家类型	作用
经济管理类专家	熟悉现代经济理论和市场运作规律，对中国目前的经济政策有较强的把握和预测能力
政府经济部门专家	帮助创业者了解政府经济部门/产业发展中制定的政策、扶植措施、计划、规划等宏观调控的政府行为
成功企业家	创业者通过沟通、交流，从成功企业家身上吸取经验、感染动力、建立自信力

建立企业联系。主要任务是促进学校与当地中小企业的紧密联系，为本校学生提供创业教育实习场所。评估与考核。主要负责本校创业教育的实施、评估与考核。

（5）大学生心理援助室。提高大学生心理健康水平，保证求职择业顺利进行和日后更好适应社会。同时，消除择业时出现的焦虑、烦恼、抑郁、自卑等不良情绪。

（二）辅助机构职责划分

（1）教务处。在职业生涯辅导工作上，教务处主要负责规范职业生涯课程体系，组织各学院从人才培养计划中引入职业生涯规划课程，除目前各高校共同采用的大学生职业生涯理论课（必选）课外，可鼓励不同学科结合专业特色开展职业生涯或创业专题研究，开设专题辅导课程。

（2）院职业生涯规划工作组。学院职业生涯规划工作组主要由学生工作者及专业教师构成。配合就业指导中心，结合本院学生专业特色，利用日常思想工作开展契机，灌输正确的职业价值观与理念，在专业学习的过程中渗透就业信息，引导学生了解行业发展、职业特征等内容。

（3）学生处团委。通过宣传营造创业与就业的校园文化。

（4）创业园。通过创业园的建设为大学生提供全真或仿真体验创业过程的机会。

（5）校友会。校友会通常由曾经在同一所学校接受过系统教育的学生组成。他们与母校有着特殊感情联系，是潜藏在母校之外的重要资源。在大学生职业生涯辅导方面，校友会可发挥重要的作用：①参与高校人才培养方案的制订、课程建设、师资队伍建设；②可以凭借广泛的联系、丰富的信息资源优势，为学校开拓就业市场，发布就业信息；③开发提供大学生就业实习岗位、实习基地；④设立就业与创业专项基金，帮扶就业困难或有创业意愿的大学毕业生实现理想；⑤通过微信、微博、QQ、短视频平台等线上工具，与大学生建立交流沟通桥梁，引导大学生树立正确的职业目标。

（6）各类社团协会。社团是大学生因共同爱好和兴趣自愿组织起来的群众组织。虽然高校社团一般挂靠在团委下面或直接挂靠在各二级学院下，但不同的社团往往各自独立活动。它们组织活动时往往只凭现在的能力和资源、技术开展，如此，每场活动效果不仅有局限，而且在调动学生参与热情、营造社会影响上都有一定的折扣。

在生涯指导中，除以就业和创业社团为主力外，以横向联盟的方式，充分调动校内其他社团与协会的资源，动员其他社团成员的参与，最大程度的资源整合。

二、学生自主联动机制建立

目前，在我国高校的教育体系中，针对大学生的生涯规划指导基本以学校在不同年级开设的相应辅导内容为中心，如图 6-10 的左半部。在大一阶段开设专业教育和生涯规划的理论指导教程，在大二和大三阶段以举办生涯大赛和提供部分暑期兼职信息为手段，而在大四则以专业实习、就业信息及政策等讲座为核心，在这个链条中学生处于被动地接受状态。根据调查显示，学生对生涯规划的本质、意义、价值、操作方法并没有真正掌握，有的只是形式上的认识。为了克服这一弊端，建议以学生为主体建立各年级学生互助式的生涯规划探讨模式。各年级不是分割地接受各项任务的安排，而是尝试由来自大一至大四的学生组成一个上下沟通的群体，他们代表了不同年级学生对生涯的认识与探索。为进一步明确各年级大学生的迷茫，本研究采用了问卷调查的方式收集了各年级学生在不同阶段存在的困惑，并以解决困惑为线索开展生涯指导。

（一）大一阶段

对于刚刚迈入大学的莘莘学子来说，他们需要一段时间适应大学生活。习惯了高中时期老师、家长时刻在耳边叮咛的教育方式，很难马上适应一切由自己做主的学习方式。他们对如何学习、如何利用校内资源迷茫。大学如果能快速适应校园生活，就能减少因迷茫而浪费的时间，能更好地为自己的未来做规划。在此阶段，老师不再是最佳的辅导者，高年级学生将是他们最好的引导者。新生们更容易接受往届学生提供的校内资源信息，对学习方式、选课经验、参加社团等方面的经验也在代代相传。如黑龙江八一农垦大学一直沿用的一种管理模式，即从大二中选拔一定数量的学生，以宿舍为基本单位，由他们专门负责新入学的大一新生引领工作。如果新生有任何疑问，可直接向专门负责的学生提出，由其尽力帮助答疑解惑。这种管理方式有效地缩短了新生大学生活适应周期。这种辅助应在大二、大三、大四之间持续保持，毕竟学生间的沟通更容易。

当然，在缺失这种人为固定的链接上，各个年级的学生也会因为各种关联性（如地缘、校缘等）建立连接。但是，在这种非正规途径的联系中，一些好的经验在传承，同时一些极端的、有碍新生树立正确观念的信息也在散布。

再者，从是否选择加入学校社团的意向来分析。对于刚入学的大一新生来说，他们对加社团最早都报有一个美好的愿望，加入社团的积极性较高。对于加入一段时间以后，学生对社会的观点有了一定的分歧，一部分同学在交友、人际沟通、适应能力、应变能力等方面都有较显著提升。但也有一部分同学会自觉地退出社团，在能力提升上收获甚微。这部分学生更多的是关注社团中存在的弊端，忽视了积极的一面，把参加社团的功利性放在前位，弱化了参加社团活动带来的潜在能力的提高。这种能力的缺失在大四找工作时就会成为就业的障碍。此次针对大四学生的调研中，部分学生提出自己的缺憾在于以往的日常生活中沉默寡言，不参加班级或学校的活动带来的社交能力较弱。这一信息如果能及时地传递给那些在社团间徘徊的同学，相信他们会对社团有新的认识、新的态度。

在不同年级学生中间以固定的组织形式建立正规的连接后，传递的信息是非常广泛的，尤其一些关键性的因素更是不能忽视，如对所选专业的及时认知。我国学生在报考志愿时的缺乏自主性有较大关联。在我国，部分学生在初等教育阶段更喜欢听取父母或老师的意见做选择，部分学生仅关心学历证书，并不关心所修专业，还有一部分学生是因为考不上自己所选的专业，退而求其次。无论何种原因所带来的大一阶段学生对自己专业认知程度较低。

因专业选择不当所带来的一连串的不利是我们所不愿见到。虽然，这一劣势最佳变更点在高中的报考阶段，但如果已经在大学阶段发生，则更应及时采取措施加以挽救。目前，各高校均在大二阶段给学生提供了转专业或选修双学位的机会，但因学生在大一阶段并未接触到专业课程的学习，仅靠入学教育传递的信息形成的专业认知仍是模糊的，如果再缺少对未来职业的自我思考、自我探索，则在转专业的时间段很难做好充分的心理准备。根据以往事例来看，在大二阶段真正在深思熟虑的基础，为追求将自己的兴趣和专业对接而选择更换或选修新专业的人数是非常稀少的，他们可能更多的是考虑增加就业竞争力而多修一个学位。在这方面，学校有必要加大宣传力度，拓宽学生的思路，

督促大学生通过历届学生、熟人、网上信息收集等方式尽快了解和掌握专业信息，尽早做出判断。如果选择错误，则应及早做好纠偏准备，平稳地进行专业过渡。对于那些已经走过大二迷茫阶段的大三、大四学生们，

他们已经接触了更多地专业知识，因此，由他们去辅助开启大一新生的职业意识将是非常有效的。每一届学生把自己对专业的认知，对专业选择的观点有效地传递给下一届学生，可以让低年级学生少一些迷茫、多一些果断，少一些短视、多一些高瞻远瞩。

（二）大二、大三阶段

调查显示，大二及大三年级的学生所面临的困惑比较相似，因此在本阶段所开展的活动界限并没有严格地区分。此阶段，根据生涯规划理论，大学生应该做好自我认知及工作世界的认知，确定自己的职业目标，并对比职业要求与自身素质，建立规划，通过各种途径，提升自己综合能力，逐渐缩小与职业的差距。

很多人进入大学以后对自己的奋斗目标是模糊的，归结的原因为：①高中时期压力过大，考上大学后再也没有家长和老师的督促后便开始无限放纵自己；②大学校园是有效地隔离层，在前三年有效地把现实世界的就业压力屏蔽了；③优裕的家庭环境致使大学生缺乏奋斗的动力；④更多地娱乐方式如上网、看小说、谈恋爱占据了学生的大量时间，同时也消磨了学生的斗志，无暇思考自己的目标。

事实上，目标的确定是建立在对自身及工作世界的全面了解上。对自己的认识，除了可以通过周围的朋友、亲属、老师，自身做出的评价外，最主要的手段就是借助一些权威的测试软件帮助分析自身的兴趣、性格、价值观等，寻找自身特征与职业特征的最佳结合点。对工作世界的认识则更多的是借助于参加社会实践活动，或者进行同类生涯人物访谈以及从网上或书本上收集相关经验知识。

职业规划需要有经验的人员从旁辅导。当然教师是最好的人选，但前面我们已经述及，此领域教师配备不足是现实，在借助教师辅导的基础上，再发动一些做过的，且已经非常有经验的学生充当辅导者更为合理。在选择辅导对象时，我们可以把确定的职业方向在同一领域的同学划分在同一个辅导小组内，这样他们之间传递的不仅是测试的方法，同时也可分享所选择的行业信息、共享实践机会等。当同学们在相互帮扶下走过这一阶段后，每个人都对自己的职业目标有一个更清晰的认识。

（三）大四阶段

毕业生在这个时期考研的考研、考公务员的考公务员、找工作的找工作，虽然出现了分化，但大部分学生的目标仍锁定在工作申请上。在这一阶段，除了通过学校提供的就业形势与政策、就业技能讲座，以及就业信息和就业岗位外，还应积极吸纳校友给我们的建议。

第二节　校企联动机制构建

高校是人力资源的生产者，而企业及作为用人单位的政府则是人力资源的使用者，二者的关系如同生产者和消费者一样，一方为供给者，一方为需求者，在买方市场条件下，要做到供销适路，才能获得最高的效益。因此，作为供给方的高校要积极谋求与需求方用人单位的合作，个性化培养人才，提高就业率及就业质量。而作为协调者的政府则还兼负调控的作用（图 6-2）。

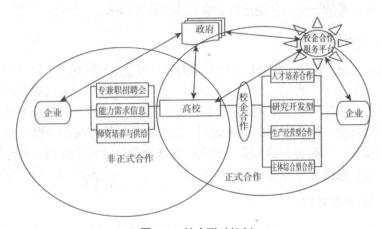

图 6-2　校企联动机制

一、高校与用人单位联动

高校与用人单位间可以通过签订正式的合同建立契约关系，形成正式的合作关系。其中，校企合作是双方主要的联结方式。校企合作是指通过利益关系把学校、企业和政府和其他社会组织联系起来，形成产学联盟、共享资源、相互促进的捆绑式合作办学。

高校具有科研人才集聚、知识生产集中优势的同时具有资金、工业生产经验、技术和物质条件相对缺乏的劣势，而企业具有将知识产品商业化和产业化的优势同时在技术革新能力上则相对较弱,校企合作能够最大限度地发挥双方优势、摒弃双方劣势，推动双方达成双赢的结果。自 20 世纪初校企合作出现以来，校企合作广泛开展于各国高等职业技术教育之中。随着大学生就业难成为普遍社会现象，本科院校也在积极谋求与企业合作，促进学生与社会尽快接轨。至今为止，校企合作领域不断地加深。合作形式更是多样化，如人才培养合作模式、研究开发型合作模式、生产经营型合作模式、主体综合型合作模式，其中以人才培养合作模式居多。

二、校企合作的运行机制

运行机制是指在人类社会有规律的运动中，影响这种运动的各因素的结构、功能及其相互关系，以及这些因素产生影响、发挥功能的作用过程和作用原理及其运行方式。校企合作运行机制的作用在于协调影响校企关系中的种种主客观因素，它受到政府政策法规、教育发展体制、社会经济文化等多方面的影响，并通过校企合作模式显现出来。

（一）内部机制

利益机制。任何一种合作的内在动力都来源于共同的利益，没有利益的驱动，合作不可能深入，更不可能长久。因此，校企合作首先要找到双赢的利益结合点，其次要在自愿的基础上建立起不断扩大合作利益的动力机制。

保障机制。校企合作的顺畅运用，需要完整的管理机制，设立相关的部门和岗位，明确各自的职责，确立行为准则、建立评价机制，对合作的内容、合作取得的成效等指标进行评价。

（二）外部机制

导向机制。国家教育行政部门通过政策、法规、法律指导校企合作的办学指导思想、建立管理体系，主导发展方向。

约束机制。作为人才的消费者，企业应与学校一起承担人才培养的责任与义务。政府部门可通过相关的法律、法规强制约定企业行为。

激励机制。激励机制是政府推动校企合作的重要法宝，地方政府可通过政策、专项投入、减免税收等举措鼓励合作。

在市场体制下，政府微观调控职能越来越弱，因此外部机制所发挥的作用也越来越小。而我国恰处于产业升级与经济结构转型的取要阶段，企业急需扩充生存发展的空间，对于利益不明显或无利可图的合作，企业的参与度必然非常有限。且在市场经济条件下，人才流动性较大，企业投资参与的职业教育未必能获利。因此，建立协调校企合作良好关系的利益机制，成为解决校企合作问题最为关键的环节。

三、传统校企合作存在的弊端

（一）校企合作缺乏长效机制

校企合作基本处于自由化状态，因为法规体系不健全、没有硬性约束力。小企业需求多，但缺乏合作的能力，大企业需求少，缺乏合作的意向。校企合作中，往往是单方受益。企业虽然获得人力资源的优先选择权，但与企业在合作中的资金投入、安全风险、效率F降等付出，则是入不敷出。加之，由于种种原因，政府对参与校企合作的企业的优惠政策落实不好，这些因素促使企业参与校企合作的积极性不高。

（二）校企合作缺少第三方服务平台

目前，校企合作都是学校和企业单线联系。受信息不完整影响，双方合作范围较窄。再者，二产和三产因生产需求，企业实习方式并不一样，合作方式应灵活。因此，需要一个服务平台在中间进行协调实现点对点的合作。

四、传统校企合作的模式的优化

（一）"订单"合作模式

招生前与签订联合办学协议，录取时与学生、家长签订委培用工协议，录用时与学生综合测评成绩挂钩，实现了招生与招工同步，实习与就业联体。校企双方共同制订教学计划、课程设置、实训标准；学生的基础理论课和专业理论课由学校负责完成，学生的生产实习、顶岗实习在完成，毕业后即参加工作实现就业，达到人才需求目标；具体设有定向委培班、冠名班、订单班等。

（二）工学交替模式

因用工需求，向学院发出用人订单，并与学院密切合作，校企共同规划与实施的职业教育。其方式为学生在学校上理论课，在合作接受职业、工作技能训练，每学期实施轮换。

（三）教学见习模式

学生通过一定的在校专业理论学习后，为了解合作单位的产品、生产工艺和经营理念及管理制度，提前接受文化职业道德和劳动纪律教育，培养学生强烈的责任感和主人翁意识，到合作对工作过程和生产、操作流程等进行现场观摩与学习；并安排学生实地参与相关工作、参与管理，较为系统地掌握岗位工作知识，有效增强协作意识、就业意识和社会适应能力。

（四）顶岗实习模式

即学生前二年在校完成教学计划规定的全部课程后，采用学校与学生自荐的形式，到用人单位进行为期半年以上的顶岗实习。学校和用人单位共同参与管理，合作教育培养，使学生成为用人单位所需要的合格职业人。

（五）产学研模式

发挥学校专业师资优势，加强校企合作研发，帮助中小型解决相关的科研难题，走"利用专业优势办专业，办好产业促专业"的新思路，使专业建设与产业发展紧密结合，帮助中小型走健康发展之路。

（六）共建校外实习基地

学校根据专业设置和实习教学需求，本着"优势互补，互惠互利"的原则在有发展前景又有合作意向的建立校外实习基地。这些基地不仅可成为师生接触社会、了解的重要阵地，而且学校可以利用基地的条件培养学生职业素质、动手能力和创新精神，增加专业教师接触专业实践的机会，促进专业教师技能提高；基地也可以从实习生中优先选拔优秀人才，满足日益增长的用工需求，达到"双赢"的效果。

（七）合作经营实训基地

可以利用学校实训设备、场地和实习学生，减少生产成本，获得更大利润；学校可以借助生产投入和技术指导，减少教育成本；学生可以提前接触生产过程，更早、更好地由学生向职工的角色转变，实现校、企、生三方共赢。

（八）成立专业教学指导委员会

根据学校所设专业的不同特点，聘请行业专家、领导与学校教师共同组建"专业教学指导委员会"。明确专业人才的培养目标，确定专业教学计划的方案，提供市场人才需求信息，参与学校教学计划的制定和调整，根据、行业的用工要求及时调整学校的专业计划和实训计划，协助学校确立校外实习、实训基地。

（九）举办校企联谊会及家报告会

学校每年举办校企联谊会，聘请有较高知名度的企业家来校为学生作专题报告，让学生了解的需要，尽早为就业做好心理和技能准备。

参考文献

[1] 黄倩倩，郑玉坤．日本高校职业生涯教育体系探析与启示[J]．职业教育研究，2021（9）：5．

[2] 李万秀，刘旻，吴波．高校职业生涯教育与思想政治教育融合的实施路径探索——以"就业思政"体系建设为例[J]．成才与就业，2021（S01）：5．

[3] 王强，王玺，白占俊．思想政治教育视域下的高校大学生职业生涯规划教育体系构建[J]．文教资料，2021（26）：4．

[4] 尹春艳．以高校党建为引领创新大学生职业生涯规划培养体系[J]．2021．

[5] 杨晋凯．基于创新创业教育的大学生职业生涯规划教育体系的构建[J]．创新创业理论研究与实践，2021．

[6] 张国良，胡清．新形势下大学生职业生涯规划课程体系的探索研究[J]．现代教育论坛，2021，4（6）：31-33．

[7] 吴宇方．问题与重构：高校职业生涯规划教育的体系构建探索[J]．大众标准化，2021（7）：3．

[8] 高燕鹏．高校学生职业生涯规划教育体系建设策略[J]．陕西教育：高教版，2021，000（008）：P．53-54．

[9] 欧姣姣．论高校加强大学生职业生涯规划教育的重要性[J]．湖北经济学院学报：人文社会科学版，2021，18（3）：3．

[10] 张萌．基于生涯适应力理论的高职院校职业生涯教育体系研究[J]．陕西教育：高教版，2021．

[11] 方林莉．"三全育人"理念下大学生职业生涯教育实践研究[J]．铜陵学院学报，2021，20（5）：3．

[12] 季研洲，王洋，雍楚婷．高职院校职业生涯规划教育体系的构建[J]．创新创业理论研究与实践，2022（10）：3．

[13] 孙彤．组织行为学[M]．北京：高等教育出版社，2000．

[14] 孙震瀚．国外职业指导[M]．杭州：浙江教育出版社，1991．

[15] 陶国富，白苏娣．大学生择业心理[M]．上海：华东理工大学出版社，2002．

[16] 吴尊民．现代国际终身教育论[M]．上海：上海教育出版社，1999．

[17] 肖远军. 教育评价原理及应用[M]. 杭州：浙江大学出版社，2004.

[18] 徐笑君. 职业生涯规划与管理[M]. 成都：四川人民出版社，2008.

[19] 叶浩生. 西方心理学的历史与体系[M] 王承绪，译. 北京：人民教育出版 社，1998.

[20] 张武升. 教育创新论[M]. 上海：上海教育出版社，2000.

[21] 张楚廷. 教学论纲[M] 北京：高等教育出版社，1999.

[22] 张华. 研究性学习的理想与现实[M]. 上海：上海科技教育出版社，2004.

[23] 张莹. 如何进行职业生涯规划与管理[M]. 北京：北京大学出版社，2004.

[24] 张再生. 职业生涯开发与管理[M]. 天津：南开大学出版社，2003.

[25] 钟启泉. 现代课程论[M]. 上海：上海教育出版社，2003.

[26] 钟启泉等. 高等教育中的潜在课程[M]. 上海：华东师范大学出版社，2005.

[27] 周卫勇. 走向发展性课程评价——谈新课程的评价改革[M] 北京：北京大学出版社，2002.